INTUITION

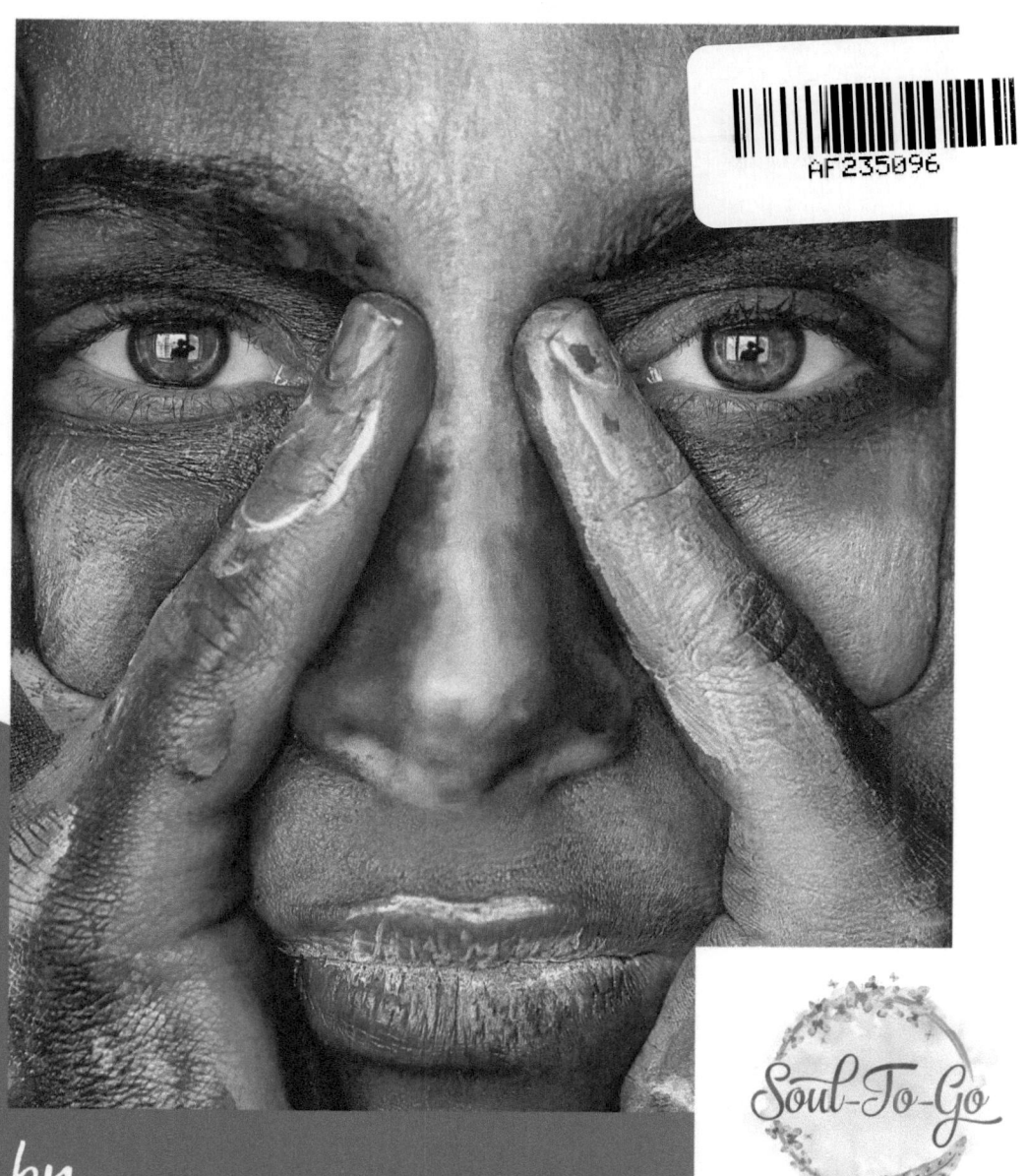

by
Jennifer Weidmann

Soul-To-Go
Seelen-Entfaltung

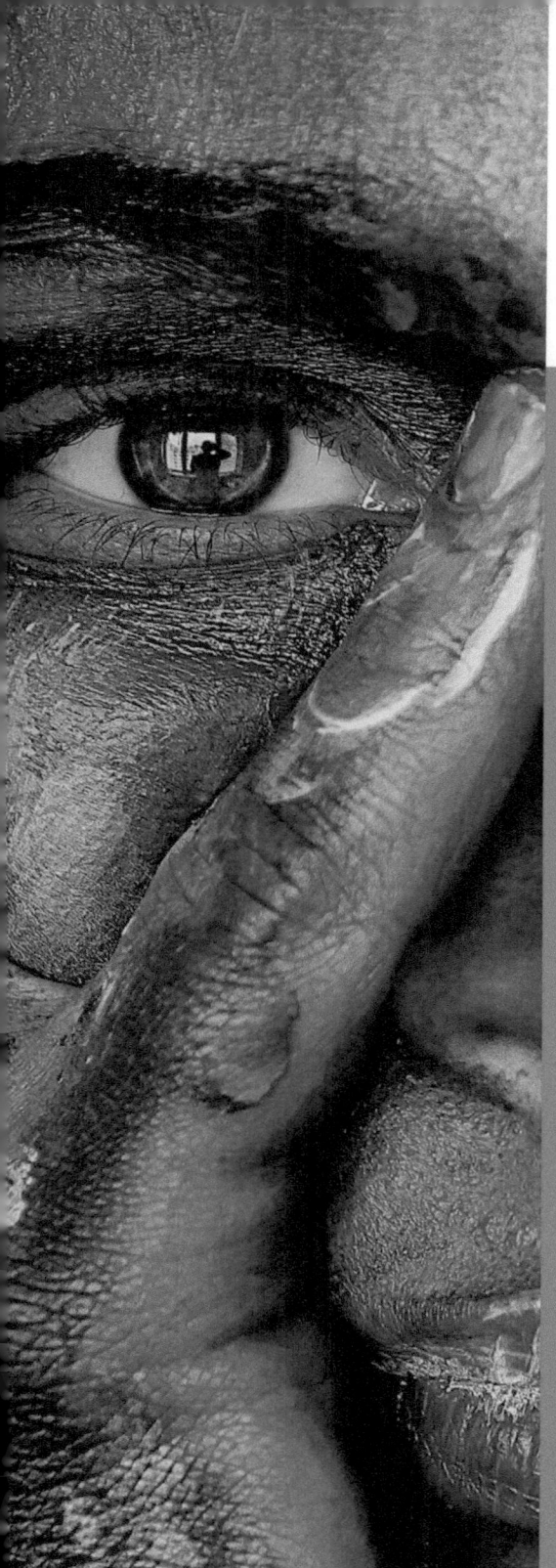

INTUITION

SOUL-TO-GO
EDITION
SEELEN-ENTFALTUNG

IMPRESSUM

Jennifer Weicmann
Winderat: 4
24966 Sörup
Deutschland
jennifer@urvertrauen.de

BILDNACHWEIS

sämtliche Bilder und Fotos wurden
freundlicherweise gemeinfrei von den
Bilderplattformen pixabay und canva zur
Verfügung gestellt

ERSTVERÖFFENTLICHUNG

Januar 2021

HINWEIS

Achtung: die Arbeit mit diesem Buch
ersetzt keine Behandlung beim Arzt oder
ausgebildeten Psychotherapeuten. Alle
Übungen übernimmt der Kursteilnehmer
auf eigene Verantwortung. Es wird keine
Haftung übernommen

WWW. URVERTRAUEN-
AKADEMIE.DE

Dein Reich für Seelen-Entwicklung und Seelen-
Entfaltung

SOUL-TO-GO

INTUITION

SEELEN ARBEITSBUCH

LEKTORAT

Gabriele Röben

COVER DESIGN

Oliver Weidmann

LOGO SOUL-TO-GO DESIGN

Stevan Zivkovic

HERSTELLUNG UND VERLAG

BoD - Books on Demand, Norderstedt

BIBLIOGRAFISCHE INFORMATIONEN DER DEUTSCHEN NATIONALBIBLIOTHEK

Die Deutsche Nationalbibliothek verzeichnet diese Publikation in der Deutschen Nationalbibliografie; detaillierte bibliografische Daten sind im Internet über http://dnb.dnb.de abrufbar.

ISBN

9783752899320

URVERTRAUEN-AKADEMIE

Dein Reich für Seelen-Entwicklung und Seelen-Entfaltung
www.urvertrauen-akademie.de

Soul-To-Go

FÜR

WILLKOMMEN

zu meiner Soulworkbook-Reihe
"Soul-to-go".

Ich habe die Reihe "Soul-to-go" geschaffen, um einzelne
Seelenthemen so kompakt und bereichernd wie möglich für
dich darzustellen.
Es ist ein Seelen-Arbeits- und Erfahrungsbuch.
Ein wertvoller Begleiter voller Inspirationen und Impulse für
dich, dein Leben, deinen Lebensweg und deine Schöpfung
der Realität.
Mögen diese Büchlein für dich segensreich sein.
Ich wünsche dir von Herzen ein großartiges und erfülltes
Leben.
Am Ende dieses Buches stelle ich dir das passende Seelen
Spray zum Themengebiet vor. Vielleicht hast du ja Lust, es dir
als Begleiter für dieses Seelenbuch zu gönnen.
Des Weiteren erweitern wir die Reihe "Soul-to-go" ständig.
Mehr Infos über diese außergewöhnliche Seelen-Reihe
erhältst du auf der Webseite
www.urvertrauen.de

Alles Liebe, deine

JENNIFER WEIDMANN
Seelen-Begleiterin

DAS BUCH

Dieses Buch ist mehr als
nur ein reines Lesebuch.
Ich lade dich ein, es dir
zu Eigen zu machen.
Schreibe rein, gestalte
die "creative art pages"
nach deinen künst-
lerischen Impulsen. Male,
bastle, schreibe ein
Gedicht oder eine
Geschichte hinein. Es
gibt viele Möglichkeiten,
deiner Seele Raum des
Ausdruckes zu
verschaffen. Probiere
dich aus.

DEIN SEIN

In den Soul-to-go
Büchern bist du
eingeladen, dich auf die
Reise zu dir selbst zu
begeben. Erlaube dir
dafür Raum und Zeit.
Tauche ein in deine
ureigene Seelenweisheit.
Es gibt dort viel zu
entdecken

DANKE

Ich danke dir, dass du
dich auf den Weg der
Seelen-Entfaltung
machst. Möge dein Licht
hell erstrahlen und die
Welt wandeln.

BEI FRAGEN

**KONTAKTIERE
MICH**
jennifer@urvertrauen.de

INTUITION

STIMME DEINER SEELE

Intuition ist etwas Wunder-bares. Es ist die Stimme deiner Seele, die dich auf deinem Schöpfungsweg leitet.

Was bedeutet das eigentlich genau. Ich glaube, dass viele sich gar nicht so ganz bewusst sind, dass die Richtung, in die uns unsere Intuition leitet, in unserer Verantwortung liegt. Es ist keine Höhere Macht, die dich, wie an Fäden ziehend irgendwo hirlenkt. Du, als Schöpfer deines Lebens, entscheidest in welche Rich-tung die Kompassnadel deiner Intuition hinzeigt.

Kompliziert? Nein, eigentlich ganz einfach: Auch wenn du es schon tausend Mal von mir gehört hast, ich wiederhole es gerne immer wieder, einfach, weil es der Ausgangs-, Dreh- und Angelpunkt von allem ist: Wir- du, ich, er, sie- ein jeder von uns ist der Schöpfer seines Lebens und dessen, was darin stattfindet – gleichgültig, ob du

nun bewusst dein Leben gestaltest oder deine Macht abgegeben hast und lieber der Reagierende oder der Spielball der Umstände bist. Es ist deine Schöpfung. Dein Ausdruck von diesem Leben. Die Intuition leitet dich auf den Weg deiner Schöpfungsimpulse.

die Intuition leitet dich nach deinen Wünschen, die du realisiert haben möchtest in diesem Leben.

Hier beginnt auch schon die Krux mit der Intuition: Die meisten wissen oft gar nicht, was sie wollen. Sie trauen sich nicht, in ihre Schöpferkraft zu gehen. Sie wissen, was sie nicht wollen. Aber etwas nicht wollen, bringt noch lange nicht etwas Gutes in dein Leben. Machen wir es deutlicher mit einem Beispiel aus meinem Erfüllungsbuch: Stell dir vor, du sitzt zu Hause mit einem kratzigen, zu engen roten Pullover. Mit diesem Pullover kannst du dich einfach nicht erfüllt im Leben ausdrücken.

INTUITION FOLGT DEINEM SCHÖPFUNGSIMPULS

Er nimmt dir die Luft zum Atmen. Jetzt kannst du dein Handy zücken, bei deinem Versandhändler anrufen und dort sagen: „Ich will keinen roten Pullover mehr! Der ist schrecklich!" Der Versandhändler wird sagen: „Gut, dann nicht. Wir schicken keinen roten Pullover mehr!".

Was passiert? Du sitzt immer noch mit deinem roten Pullover zu Hause. 1.) weil du ihn nicht entsorgt hast und 2.) es ist auch kein anderer Pullover da, weil du keine Wahl getroffen hast, weil du dich nicht für etwas Neues entschieden hast, weil du nicht geschöpft hast. Etwas nicht wollen, ist noch lange kein Schöpfen. Es ist ein Sondieren und Ausloten, wohin der Schöpfungsimpuls gehen könnte, anschauen welche Richtungen überhaupt alle vorhanden sind. Daher ist es gut zu wissen, was man nicht möchte. Das ist ein erster Schritt. Wie in unserem Beispiel: keinen roten Pullover mehr. Aber jetzt ist es wichtig, denn zweiten Schritt zu machen, zu wählen, was man den möchte: einen blauen Pullover, oder vielleicht lieber ein T-Shirt, oder gar ein Hemd.

Das gesamte Buffet des Universums steht jetzt bereit: Du bist der Schöpfer, sprich, du entscheidest, was du jetzt wählen möchtest. Übrigens kannst du jetzt für Kratzepullover alles einsetzen (Partner, Geld, Berufung, Gesundheit usw.)

Das ist so essentiell wichtig: DU ENTSCHEIDEST, WOHIN DIE REISE GEHT. Sobald du eine Entscheidung getroffen hast, aktivierst du damit deine Intuition, die jetzt ihren Auftrag erhalten hat. Nehmen wir unser Beispiel noch mal auf: Du entscheidest, du möchtest statt des roten Pullovers endlich erfahren, wie es ist, ein luftig, leichtes, weiches, umhüllendes T-Shirt zu tragen. Jetzt kennt deine Intuition, was du haben möchtest und wird dich leiten. Der erste Impuls von deiner Intuition könnte sein, dass sie dir zuflüstert: Bestelle nicht wieder beim gleichen Händler, dort ist alles kratzig und einengend.

So fängt die Intuition an, für dich zu arbeiten. Aber: Intuition funktioniert selten linear, folgt selten dem logischen Verstand. Das macht es manchmal so schwierig, ihr zu folgen und es gehört eine große Portion Vertrauen und Mut dazu, den Weg der Intuition zu gehen.

Stell dir vor, alle um dich herum bestellen bei dem Händler, der nur kratzige Pullover im Sortiment hat. Deine Intuition sagt dir jetzt, bestelle da nicht, zieh dich an und gehe hinaus, ich leite dich. Alle deine Freunde bestellen beim kratzigen Händler, deine Familie, deine Nachbarn. Du erzählst ihnen jetzt, dass du da nicht mehr bestellen wirst, sondern hinausgehst, du weißt noch nicht genau wohin, aber deine Intuition wird dich schon leiten.

Was glaubst du, was in den meisten Fällen passiert? Man wird versuchen, auf dich einzureden, dass du deinen Intuitionsweg wieder verlassen sollst. Warum kannst du dich nicht mit den Kratzepullovern zufrieden geben? Schließlich tragen die doch alle. Wie kommst du auf die Idee, dass für dich etwas Besseres da draußen auf dich wartet? Wo doch alle hier das Gleiche tragen. Glaubst du etwa, du seist etwas Besonderes?

TRAU DICH, DIR SELBST TREU ZU SEIN

Hier nicht einzuknicken, dazu gehört schon eine große Portion Mut und Selbst-Vertrauen. Achtung wichtig: Häufig spiegeln die Aussagen der Außenwelt unsere eigenen inneren Ängste und Zweifel wider. Daher brauchen wir gar nicht sauer auf Freunde, Eltern, Partner usw. sein, wenn sie uns zurückziehen wollen zu den Kratzepullovern.

Sondern das ist ein guter Moment, um innezuhalten und sich seinen eigenen Ängsten zu stellen. Sich noch mal klar darüber werden, warum man den Kratzepullover nicht mehr tragen möchte, warum man sich für das weiche T-Shirt entschieden hat. Auch wenn das T-Shirt noch nicht da ist, man aber endlich erfahren möchte, wie es sich anfühlt, so ein T-Shirt zu tragen. Darum geht man diesen Weg.

DU BIST FREI

An den Stimmen der Außenwelt können wir uns selbst immer prüfen, hinterfragen und Antworten finden. Du bist frei. Wenn du feststellst, Kratzepullover sind doch ganz toll, dann kannst du jederzeit dir wieder einen holen. Wenn du feststellst, dass der Mut nicht groß genug ist, aus der Menge auszuscheren, dann braucht es noch Zeit. Dann brauchst du vielleicht noch ein paar Erfahrungen mit dem Kratzepullover, bevor das weiche T-Shirt kommen kann. Du bist frei, nicht vergessen. Es gibt hier nichts zu richten, nichts zu urteilen und vor allem, bitte nicht dich selbst unter Druck setzen. Du als Schöpfer entscheidest, wann deine Zeit gekommen ist für Kratzepullover und wann deine Zeit gekommen ist für weiche T-Shirts und wann du völlig nackt durch die Gegend springen möchtest. Deine Zeit- deine Wünsche und Visionen von einem erfüllenden Leben- du entscheidest.

Die Intuition nimmt das, was du ihr gibst und richtet sich danach aus. Damit meine ich, wenn du dich von dem weichen T-Shirt wieder abwendest und in dir der Gedanke bzw. Wunsch entsteht, dass Kratzepullover aber so viel Sicherheit bieten, so schön vertraut sind, und dass du doch noch mehr Erfahrungen damit machen möchtest, dann nimmt deine Intuition das und wird dich sicher auf dem Kratzepulloverweg leiten.

Man könnte dann, wenn man wieder einmal feststellt, wie bescheiden dieser Weg eigentlich ist, zu dem Schluss kommen, dass die eigene Intuition nicht funktioniert, weil man ja immer noch auf dem Kratzepulloverweg feststeckt. Tja, Intuition folgt immer deinem Schöpfungsimpuls. Sie ist sozusagen dein Partner, um dich dabei zu unterstützen, dass du das erfährst, was du als Vision, als Wunsch, als Sehnsucht, als Ziel in dir trägst, ja und hier kann es auch um die Berufung, den Seelenplan und die Lebensaufgabe gehen. Auch das trägst du ja als Seele in dir, was du gerne erfüllt leben möchtest in diesem Leben.

ICH ERSCHAFFE MIR MEINE REALITÄT - IN JEDEM AUGENBLICK

WAS MÖCHTEST DU ERFAHREN?

So wie du dich wandelst, deine Wünsche andere werden, so wandelt sich deine Intuition mit dir und richtet sich immer nach deinen Schöpfungsabsichten aus. Je mehr du ein bewusster Schöpfer deines Lebens wirst, desto schöner ist auch die Zusammenarbeit mit deiner Intuition, die nicht immer logischen Regeln folgt, die auf sehr unkonventionelle Lösungen und Ideen kommt, aber immer im Dienste der Erfüllung deiner Wünsche und Träume für dieses Leben steht.

Da ich weiß, dass es nicht immer leicht ist, die Stimme der Intuition wahrzunehmen, sie zu unterscheiden zwischen all den anderen Gefühlen und Gedanken, die uns auf unserem Lebensweg begleiten, habe ich für dich dieses "Soul-to-go"-Büchlein aus-gearbeitet. Denn Intuition ist für mich mit das wichtigste Seeleninstrument, welches wir für ein erfülltes Leben an die Seite gestellt bekommen haben. Schade, wenn man dieses Geschenk nicht einsetzt und nutzt.

Also, wenn du Lust hast, tiefer in die Intuitionsarbeit einzusteigen, dann folge mir nun hinein in die Arbeit mit deinen Gefühlen. Es ist wichtig, dass wir herausfinden, was für ein "Intuitionstyp" wir eigentlich sind. Es ist wichtig unsere Ausreden und unser "Schön-Reden" zu kennen, und es ist wichtig, dass wir lernen, unsere Intuition von Gefühlen wie Angst, Zweifel, Unsicherheiten usw. zu unterscheiden.

Die Reise lohnt sich, Also fangen wir an.

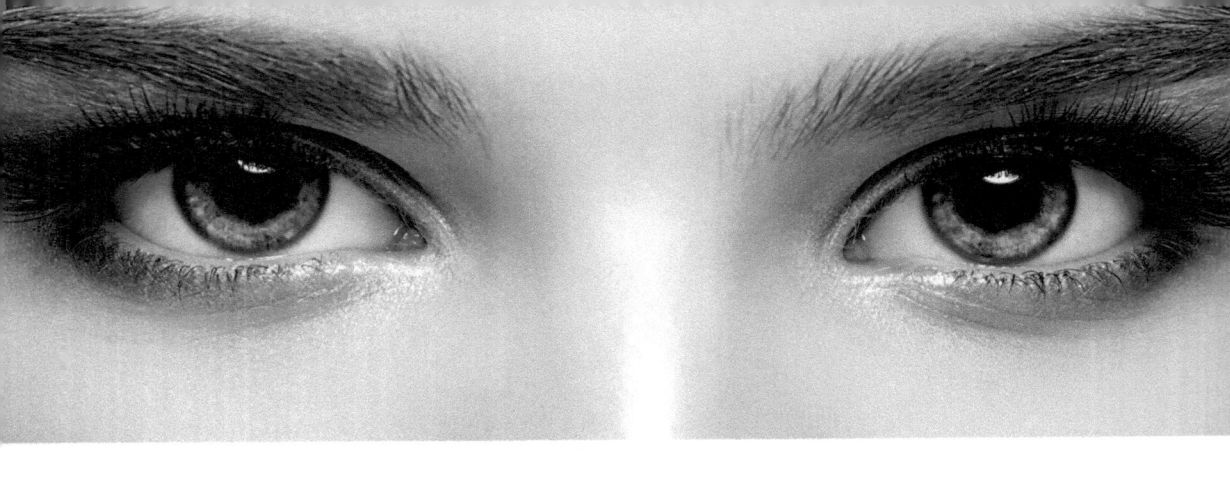

Name: Alter:

....

Titel für mein jetziges Leben

Stichwörter:

So sieht meine Realität derzeit aus

MEIN
JETZIGES
LEBEN

Wie würdest du jetzt gerne dein Leben erfahren?

Was dürfte sich dafür ändern?

Was findest du gut in deinem Leben? Was soll bleiben?

Was dürfte aus deinem Leben jetzt verschwinden?

INTUITION

SO
FÜHLE ICH MICH
JETZT IN MEINEM LEBEN

CREATIVE ART PAGE

ICH
FÜHLE
AUF
MEINE
ART
UND
WEISE

JENNIFER WEIDMANN

INTUITION

Kennst du das, wenn jemand von dir behauptet, mit deinem Gefühl stimme etwas nicht, nur weil du nicht so fühlst, wie er fühlt?

Gerade bei der Intuition sind wir häufig schon in einem engen Rahmen festgelegt, weil man zur Intuition so gerne "Bauchgefühl" sagt.

Wenn man einfach kein Bauchgefühl hat, dann könnte man schnell auf den Gedanken kommen, dass man keine Intuition hat.

Lass dich hier nicht verwirren. Jeder kann seine Intuition wahrnehmen, manchmal braucht es nur ein kleines Umdenken und die Erweiterung unseres Horizontes. Und zwar in dem Bezug, dass sich Intuition auf sehr unterschiedliche Art und Weise bei dir melden kann. Ich habe dir ein paar Arten hier zusammengefasst. Aber bitte pack diese jetzt nicht wieder in einen engen Rahmen. Es ist nur eine kleine Auswahl an Möglichkeiten, wie sich Intuition, neben dem klassischen Bauchgefühl, noch äußern kann. Daneben gibt es noch x andere Varianten.

Wichtig ist, wenn du besser auf deine Intuition achten möchtest, dass du für dich herausfindest, wie deine Seele dir wichtige Botschaften für deinen Schöpfungsprozess zuschickt.

Manchmal ist es auch ein Lied, welches dich ganz plötzlich sehr stark berührt und du innerlich weißt, was du jetzt machen möchtest. Oder eine Botschaft aus einem Film, die dich erkennen lässt, welchen nächsten Schritt du jetzt gehen möchtest.

Intuition ist so wunderbar und so wunderbar vielfältig und wir dürfen lernen, sie als diese verschiedenen Ausdrücke zu verstehen.

Manchmal denken wir die Intuition und fühlen sie nicht.

ICH NEHME MICH SELBST WAHR

Und manchmal werden wir von einem inneren Gefühl schier überwältigt und wir wissen ganz klar, welche Entscheidung in welche Richtung jetzt getroffen werden muss.

Manchmal wird uns warm und ein anderes mal ganz kalt. Mal bekommen wir Gänsehaut oder hören ein Piepen im Ohr.

Zu anderen Zeiten träumen wir ganz intensiv mit vielen Bildern und Symbolen. Es kann auch sein, dass wir plötzlich Gerüche wahrnehmen, von denen wir nicht bestimmen können, wo sie jetzt gerade herkommen.

Die Intuition kann uns viele Zeichen schicken, die Kunst ist nun, diese wahrzunehmen und, wenn wir sie wahrgenommen haben, zu verstehen.

Was will uns die Botschaft, wie z.B. der Geruch, die Gänsehaut, das Kribbeln, das Piepen, das Bauchziehen nun wirklich mitteilen?

Das ist nicht immer auf Anhieb klar und verständlich. Manchmal braucht es eine Weile, bis wir verstehen.

Die Einladung deiner Intuition ist hier zu folgen. Innerlich ruhig zu werden und in dich selbst hineinlauschen.

Alle Antworten auf all deine Fragen liegen schon längst in dir bereit. Welchen Weg du beschreiten sollst. Was deine Berufung ist. Dein Seelenplan usw. Alles ist schon in dir

und deine Intuition führt dich zu den für dich nun passenden Antworten.

Intuition ist ein großartiges Instrument und wir dürfen lernen, immer virtuoser dieses Instrument anzuwenden. Das braucht Zeit und viel, viel Übung.

Wir können jederzeit damit beginnen, um in uns selbst hinein-zuhorchen. Vieleilcht fühlen wir, vielleicht denken wir, vielleicht sehen wir, vielleicht machen wir alles - mal dieses, mal jenes.

Und alles ist richtig so, wie es zu dir kommt.

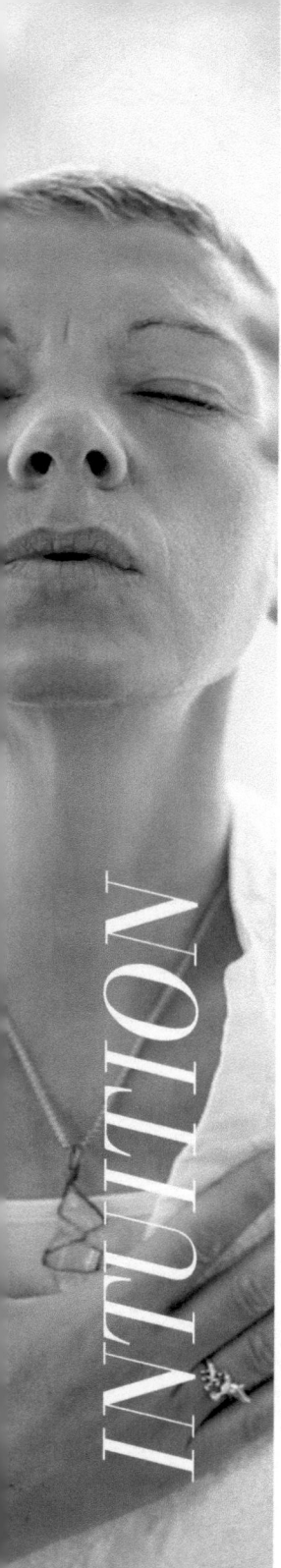

WAHRNEHMUNG DER INTUITION

Wann hast du das Gefühl, nicht "richtig" zu fühlen?

Wobei fällt es dir schwer, deine Intuition wahrzunehmen?

Welche Entscheidungen dürfen jetzt in deinem Leben gefällt werden?

Beschreibe mit eigenen Worten, was für dich Intuition ist:

Gesichter der Intuition

1 Ein inneres Wissen (Denken)

Gänsehaut **2**

3 kalte oder warme Gefühle

piepen im Ohr **4**

5 Kribbeln

Gesichter der Intuition

6 Riechen (einladend oder abweisend)

7 nachhaltige Träume

8 Gefühle frei von Drama

9 Botschaften empfangen

10 Zeichen bekommen und sehen

SO
NEHME ICH
MEINE INTUITION
WAHR

CREATIVE ART PAGE

ICH FÜHLE MICH

Nimm den Unterschied zwischen Emotionen und Intuition wahr.

Das eigene Gefühl kann einem schon unglaublich viel Informationen liefern, vorausgesetzt, wir können unser eigenes Ego beiseite stellen, um möglichst frei die Gegebenheiten erfühlen zu können.

Das sagt sich so leicht: „Das Ego beiseite stellen", nicht wahr? Es ist möglich, aber häufig braucht es einige Zeit des Übens, des Selbst-Wahrnehmens, der Selbst-Erkenntnis und die Fähigkeit, in den „Intuitions-Modus" zu wechseln. Aber nur kein Stress, wir fangen ja gerade erst an.

Vielleicht hast du schon ganz viel Übung im Fühlen, vielleicht nicht. Es ist gleichgültig: Ich lade dich ein, in diesem Moment noch mal ganz in die Welt des Fühlens einzusteigen.

In der Intuitionsarbeit ist es wichtig, dass wir es schaffen, unterscheiden zu lernen zwischen der Intuition und unseren Emotionen.

Du kannst dich gut frei machen von deinen Emotionen, wenn du dich selbst gut kennst, wenn du möglichst in jedem Moment des Tages weißt, wie du dich gerade selbst fühlst. Du musst es nicht machen, durchgehend bei dir zu sein. Aber wenn eine Situation dir begegnet, ist es wichtig, dass man als erstes schaut: Was fühle ich für mich jetzt hier? Und dann möglichst ehrlich ist mit der Antwort. Wenn man seine Gefühl erkennen kann, dann kann man als nächsten Schritt, sich selbst in die Lage versetzen, die vordergründigen Emotionen nach hinten zu schieben, um die Intuition wahrzunehmen.

Vielleicht hört es sich jetzt noch sehr verwirrend für dich an. Aber keine Sorge, wir werden Schritt für Schritt da gemeinsam hingehen zu dem Punkt, wo du das kannst. Dich fühlen, die eigenen Emotionen beiseite stellen, um dann frei deine Intuition wahrzunehmen. Das ist Übungssache.

Und es fühlt sich unglaublich gut an. Es ist eine Fähigkeit, in die man nach und nach hineinwächst. Du wirst dadurch in die Lage versetzt, selbst wenn du den größten Streit gerade privat hast, dieses Gefühl nach hinten zu schieben, während du deine Intuition wahrnehmen möchtest, und die Gefühle dann wiederzuholen, wenn du eintauchst in dein Privatleben.

Ich werde dir nun auf den folgenden Seiten ein paar Übungen vorschlagen. als Intuitions-vobereitung.

Es geht hauptsächlich darum, dass du schaust, wie DU dich fühlst in gewissen Situationen. Es geht darum, dich wahrzunehmen und dir deiner Gefühle immer besser bewusst zu werden. Umso klarer kannst du dann irgendwann deine Gefühle von deinen Intuitionswahrnehmungen unterscheiden.

Daher ist es wichtig, dass du auch darauf achtest, was für ein "Intuitionstyp" du bist. Damit meine ich, dass du dir klar darüber wirst, wie deine Intuition im Gegensatz zu anderen Emotionen, sich bei dir hauptsachlich bemerkbar macht.

Wichtig bei allen Übungen, Fragen und Inspirationen, die ich dir hier mitgebe: Setze dich nicht selbst unter Druck. Druck ist kontraproduktiv in der Seelenarbeit und vor allem in der Wahrnehmung der eigenen Intuition.

Intuition ist mehr ein Hineinfließen und Hineinlauschen in dich selbst, um zu erkennen, welche Schritte jetzt gemacht werden dürfen in deinem Leben, damit du deine Vorstellung von einem erfüllenden Leben erfahren kannst.

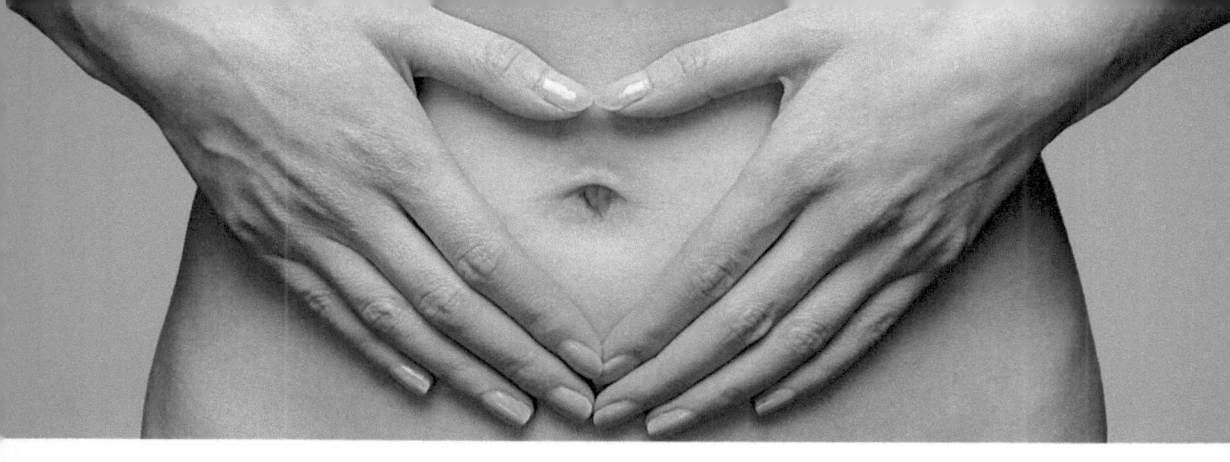

Übung 1   Im Laufe des Tages

Nimm dir im Laufe des Tages immer wieder mal Zeit, halte inne und fühle in dich hinein mit den Fragen: Wie fühle ich micht jetzt? und warum fühle ich mich jetzt gerade so?

Es gibt hier erstmal nichts zu lösen, zu tief zu analysieren, sondern in erste Linie geht es darum, dass du dich selbst, und wie du dich fühlst, wahrnimmst. Erstmal frei von Beurteilungen, wie das ist gut oder das ist schlecht. Sondern einfach es nur mal so nehmen, wie es ist. Wenn du magst, kannst du es ruhig ab und an aufschreiben.

So fühle ich mich jetzt und darum fühle ich mich jetzt so

Übung 2   Am Abend

Das Gleiche, wie in Übung 1 machst du nun für eine Weile jeden Abend, bevor du einschläfst - oder wenn du es notieren möchtest, bevor du zu Bett gehst. Lass den Tag Revue passieren, fühle in dich hinein und dann finde Antworten auf die unten stehenden Fragen

So fühle ich mich jetzt und darum fühle ich mich jetzt so

MEIN
EGO
GLAUBT,
WÄHREND
DIE
INTUITION
DIE
LÖSUNG
SCHON
LÄNGST
WEISS

JENNIFER WEIDMANN

INTUITION

INTUITION & EGO

Kommen wir zu DEM Kommunikationsmittel Nummer 1, zwischen Seele, der Intuition und dem Ego.
Genau hier befindet sich auch der Knackpunkt der Kommunikation, nämlich die Frage: Wer DENKT gerade bzw. wer vermittelt über die Gedanken die Informationen?
Diese Unsicherheit führt häufig dazu, dass wir uns selbst nicht vertrauen. Sicherlich hast du das auch schon erfahren. Stimmt das mit der Eingebung oder habe ich mir das nur eingebildet? Stimmt das mit dieser Botschaft, oder ist das nur mein Ego, das etwas will? Tausende solcher Möglichkeiten, in denen wir uns nicht sicher sind, wer da denkt bzw. wer die Botschaften in unseren Kopf bringt.
Das ist die große Kunst, an der man beständig auf dem Weg zur Intuition arbeiten darf.

Wie erkennen wir, wer oder was mit uns kommuniziert?
Wir erkennen es über die Qualität bzw. die Energie der Gedanken.
Aber gehen wir hier Schritt für Schritt vorwärts. Erstens : Unser Ego ist wichtig, denn es hilft uns, überhaupt ein Selbstbewusstsein zu entwickeln. Uns selbst als Individuum wahrnehmen zu können. Wir brauchen das Ego, um die Seelenimpulse oder Botschaften der Intuition empfangen zu können, sei es durch Denken, Fühlen, Hellhören usw.
Wichtig ist, dass wir anfangen, dem Ego immer mehr Seelenbewusstsein einzuhauchen. Damit meine ich: Eine unserer großen Aufgabe ist es zu erkennen, dass wir eine Seele sind, die in einen menschlichen Körper inkarniert, um sich selbst zu erfahren. Die Seele arbeitet daran, bis sie sich selbst im höchstmöglichen individualisierten, schönsten, entwickelten Zustand erfahren kann.

INTUITION ALS FEINE, ZARTE STIMME DER SEELE

Das Ego, eigentlich als ausführendes Organ, hat dabei jedoch ein Eigenleben, wenn man es einfach machen lässt.

Du kannst es ein wenig vergleichen mit einem Auto. Stell dir vor, die Seele ist der Fahrer und das Ego ist das Auto. Wenn die Seele das Auto startet und losfährt, dann muss sie auch das Steuer halten und achtsam und aufmerksam bei der Sache sein, sonst kann ein Unfall passieren oder man kann vom Weg abkommen usw.

Ist man unkonzentriert, unachtsam, abgelenkt, nimmt nicht das Steuer in die Hand, dann fährt das Auto trotzdem, eben nur führerlos. Dann kommt die Seele nicht dahin, wo sie hinkommen möchte oder wenn doch, dann nur durch „Zufall". Es passieren Unfälle, dumme Dinge, die man nicht erleben möchte, nimmt anderen die Vorfahrt, fährt zu langsam oder zu schnell. Sprich, dann läuft es nicht so, wie „man" es eigentlich möchte.

Es geht darum, dass die Seele das Steuer ergreift. Das ist unsere große Aufgabe als Seele: den Körper ergreifen, den Geist (Ego) ergreifen, mit unseren geistigen Seelengefährten zusammen arbeiten und uns entfalten zur großartigen Seele, die wir sind und uns auch so erfahren. Eigentlich ist es eine wunderschöne Aufgabe, wenn es nicht so verdammt schwer immer

wieder ist, das Ego im Zaum zu halten. Es kommt einer, triggert uns, und schon sagt oder tut man wieder Dinge, die man eigentlich nicht mehr machen wollte. Man sagt Dinge, die verletzen, die Liebe fließt nicht, wir handeln impulsiv und dürfen hinterher den Scherbenhaufen aufkehren.

In diesem Zustand können wir eigentlich "nie" wirklich die zarte Stimme unserer Intuition wahrnehmen. Das Ego schiebt sich laut und wichtigtuerisch davor. Verunsicherung und Stagnation können daraus erfolgen.

ICH ENTSCHEIDE, WELCHER INNEREN STIMME ICH RAUM GEBE

DARAUS ERSCHAFFE ICH MEIN LEBEN

Das „zügellose" Ego ist ein sehr unzuverlässiger und launischer Begleiter und es ist eine wahre Meisteraufgabe, diesem mehr und mehr Herr zu werden.

Auch als Medium, als Coach, als Heiler, als Seelenführer sind wir ständig dazu eingeladen, in diesem Bereich an uns zu arbeiten, uns selbst zu erkennen. Zu erkennen, wann das Ego spricht, denkt, fühlt und wann die Seele und wann die Intuition denkt, fühlt und spricht.

Ich gebe dir hier schon mal ein paar Anzeichen mit, woran du anfangen kannst zu erkenne, wer gerade denkt und handelt.

Auf den nachfolgenden drei Seiten gebe ich dir ein paar Beispiele für GEDANKEN, die aus der Seelenebene, der Egoebene und der „Intuitionsebene" (oder auch geistigen Welt) kommen.

Die Liste hat keinen Anspruch auf Vollständigkeit. Sie ist wieder einmal nur eine Anregung und du kannst sie für dich beliebig er-gänzen.

Die Kunst, der Intuition zu folgen, besteht unter anderem genau darin, dass wir unterscheiden können, welche Gedanken bzw. Impulse ich gerade empfange.

Das erscheint am Anfang des Weges vielleicht noch ein wenig kompliziert, aber mit jedem Schritt, den du auf diesem Weg gehst, wird es leichter, klarer und irgendwann folgst du deiner Intuition von ganz alleine. Sie ist so ein wunderbarer, außergewöhnlicher Ratgeber und eröffnet Lösungen, an die das Ego gar nicht gedacht hat. Das sind dann die Momente, in denen wir gerne von Wunder sprechen.

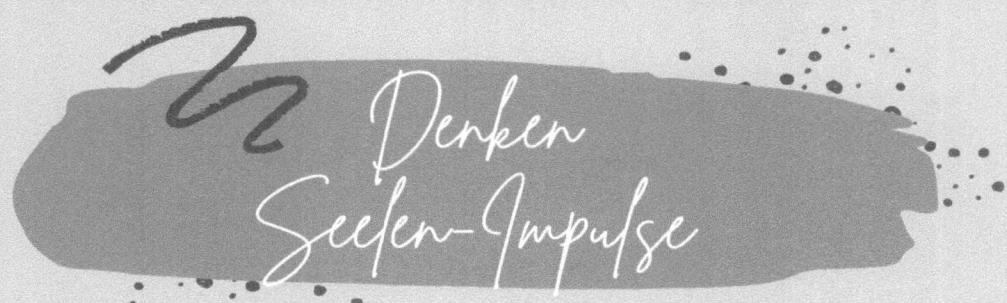

Denken
Seelen-Impulse

schöpferisch

Träume, Wünsche, Sehnsüchte, Ziele

den Willen, die eigene Welt /das eigene Leben zu gestalten

den Willen, sich zu wandeln, zu verändern zum Besseren, Größeren, Erfüllenden

den Willen, Erfahrungen zu machen

Sehnsucht / Wunsch nach Frieden, Freude, Verbindung, Liebe, Sicherheit, Wahrhaftigkeit, Fülle

die Suche nach Berufung, Erfüllung des Lebensplans, der Lebensaufgabe

stetiges Voranschreiten

Antworten finden auf die Frage: "Wer bin ich?"

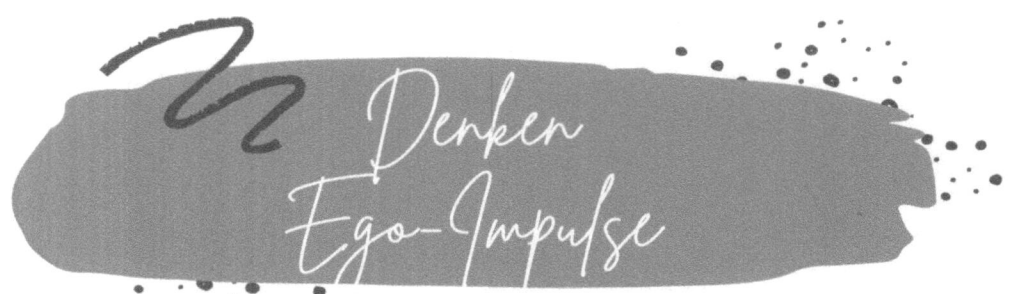

Denken
Ego-Impulse

hat Anforderungen an die Welt / die Menschen im eigenen Umfeld

Erwartungen, wie was zu sein hat, wie andere sich verhalten sollen

Luftschlösser ohne Fundament, sollen sich von alleine erfüllen und real werden

sich die Dinge schönreden (die eigentlich nicht gut für einen sind)

sich Dinge schlechtreden (um nicht in die Wandlung gehen zu müssen / Angst vor Veränderung)

Neid

Lästern, über andere schlecht reden, anderen nichts Gutes gönnen

negative, zerstörerische Gedanken aller Art

Depressionen, Triggern, Austeilen

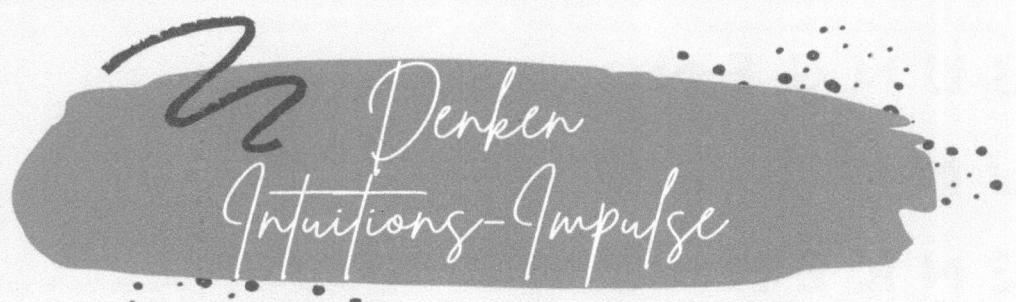

Denken
Intuitions-Impulse

unterstützende Impulse für den Lebensweg, die Berufung, den Seelenplan

Eingebungen, Intuitionen, Wissen

stellt innerlich gezielte Fragen zu den eigenen Wünschen, Sehnsüchten und Hoffnungen

kreative Lösungsvorschläge für die schöpferischen Impulse

die Botschaften sind immer liebevoll, konstruktiv, achtsam und wahrhaftig

die Botschaften sind niemals kritisierend, herablassend, besserwisserisch, verletzend, selbst-zerstörerisch

Impulse sind häufig unkonventionell

Wunder

nicht vorhersagbar, freilassend, öffnend. lichtvoll

ÜBUNGEN ZUM DENKEN

Lerne die Quellen deiner Gedankenströme auseinander zu halten.

Wir müssen nicht jeden kleinen Gedanken, den wir haben, analysieren. Da würde man höchstwahrscheinlich auf Dauer verrückt werden. ABER: In Momenten, in denen es nicht so läuft, wie du es dir eigentlich wünschst, lohnt es sich mal hinzuschauen, was man gerade für Gedanken hat.

Auch in Momenten oder Situationen, in denen man getriggert - das heißt emotional angestoßen - wird, lohnt es sich zu schauen, was man denkt.

Nehmen wir ein Beispiel: klassischer Beziehungskonflikt, dein Partner sagt oder tut etwas, was dich auf die Palme bringt. In der Regel schiebt sich in so einer Situation gerne als erstes das Ego nach vorne und poltert los. Meistens denkt und sagt man dann etwas, was zurücktriggert. Der „Kampf" hat begonnen. Aber das muss so nicht sein. Man kann wirklich daran arbeiten, erst innezuhalten, seine Gedanken zu analysieren und herauszufiltern, was in mir "denkt" hier gerade, wer will, dass ich jetzt wie handle. (Ego-Seele oder Intuition?)

In solchen Situationen gerne erstmal tief durchatmen und anfangen, die Gedanken zu sortieren und auf die Suche gehen nach den Seelengedanken und Intuitions-Gedanken - siehe Beispiellisten von eben- . Die Ego-Gedanken brauchst du in der Regel hier nicht zu suchen. Gerade beim Streiten stellt sich das Ego gerne in erster Front auf, um loszupoltern. Dann das Ego nach hinten schieben und versuchen, die Seelen- und Intuitionsgedanken umzusetzen.

I

Ich weiß, das hört sich vielleicht kompliziert an. Aber es ist ein lohnenswerter Wandlungsprozess. Ich spreche hier aus Erfahrung. Lange, lange Zeit hatte ich ein wirklich aggressives Ego. Der noch so kleinste Triggerpunkt konnte bei mir ein Fass der Wut hervorbringen und es hat geknallt. Aber ich habe gelernt, auf die Seelenebe zu gehen. Leider auf die harte Tour – und das kann man sich ersparen, wenn man bewusst anfängt, die obige Übung zu machen. Also, die Emotionen oder die Gedanken kochen hoch - das funktioniert übrigens auch mit selbstzerstörerischen und / oder depressiven Gedanken - , bewusst innehalten, nicht in die Egospirale eintauchen und wieder bewusst an die Seele denken und nach ihren Gedanken fragen und dann die geistige Welt hinzuholen (damit meine ich z.B. deine Intuition, dein Höheres Selbst, Engel, Schutztiere oder mit dem, womit du dich am liebsten verbindest) und nach ihren Impulsen/Gedanken fragen. Aufnehmen, wahrnehmen und dann erst handeln.

In der Anfangsphase kann manchmal das Gefühl entstehen, als würde man gerade sich selbst, wie im Film zuschauen. Damit meine ich: Das Ego poltert wie gewohnt los, man sagt oder handelt, wie man eigentlich nicht mehr handeln wollte, aber die alten Spiele funktionieren noch, aber zeitgleich befindet man sich schon auf der Seelenebene und schaut sich von dieser Ebene selbst bei seinen Handlungen zu. Das hat einen wunderbaren Selbsterkennungseffekt.

Als ich mit dieser Übung anfing, habe ich wirklich so oft gedacht: „Jenny, was sprichst oder machst du denn da gerade!"

Ja, das ist schräg und es fühlt sich auch schräg an. Wie zwei oder dreigeteilt. Aber mehr und mehr kommt man dann dahin, dass man nicht mehr sofort jedem Egogedanken folgt, sondern erst innehält, das Ego nach hinten schiebt, das Seelenwissen nach vorne holt, denkt und dann erst handelt und die Ergebnisse wandeln sich. Man ändert sein Verhalten.

Zum Beispiel auch so, dass man nicht mehr auf die Egospielchen von Partnern, Familie, Kollegen, Chefs usw. einsteigt. Man durchschaut viel schneller, wenn jemand von der Egoebene aus handelt und spielt das Spiel einfach nicht mehr mit. Das mag nicht immer gut beim anderen ankommen. Aber es geht ja um dich, um deinen Frieden, um deine innere Ruhe und es tut gut, nicht mehr in den Kampf, in die Zerstörung, in Macht- oder Manipulationsspielchen etc. zu gehen.

Je mehr man das im Alltäglichen praktiziert, desto mehr weiß man, wer gerade in einem denkt. Desto besser kann man sich mit der Seelenebene und der Intuitionsebene verbinden.

Ein weiterer Vorteil, gerade bei sehr empathischen und hochsensiblen Menschen: Mit der Übung fällt es dir auch nach und nach leichter herauszufinden, ob das, was du gerade fühlst und denkst, von dir kommt oder ob du gerade Empfänger der Emotionen aus deiner Umwelt bist. Weil du dich selbst immer besser kennen lernst, weil du dann weißt, dass es jetzt gerade keinen Grund gibt, z.B. depressiv zu sein. Also braucht man auch nicht in dieses Gefühl einzusteigen, sondern kann es wieder hinausleiten und bei sich und dem eigenen inneren Frieden bleiben.

Noch mal: Ja, das ist Übungssache, aber enorm wichtig für ein dauerhaftes Wohlbefinden. Es ist wichtig zu wissen, wer gerade denkt und wer gerade die Gefühle sendet. So kannst du bewusst entscheiden, welchen Gedanken- und Emotionsimpulsen du folgen möchtest und wie du handeln möchtest.

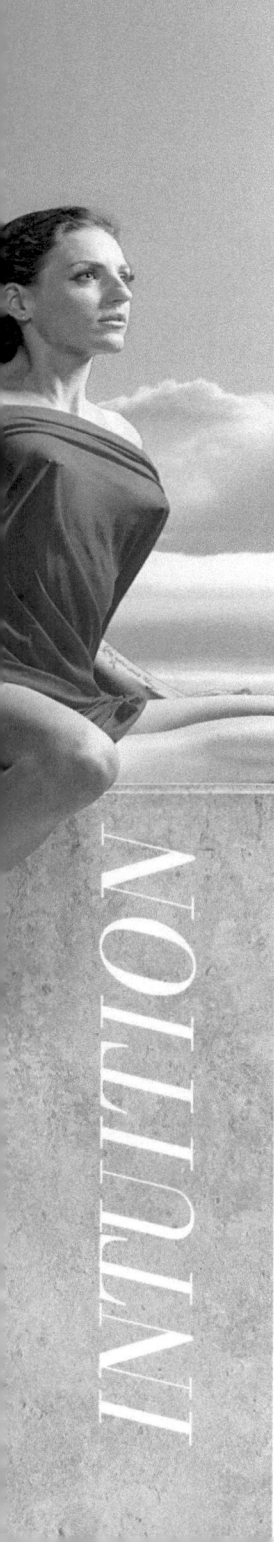

WAHRNEHMUNG DEINER SEELEN-IMPULSE

Nimm dir einen kleinen Augenblick Zeit. Wenn du magst, schließe deine Augen. Atme eine Weile ruhig ein und aus, ganz in deiner Tiefe, in deinem Rhythmus.
Stell dir innerlich vor, wie du dich jetzt mit deiner Seele verbindest, wie du ihre Stimme, ihre Schwingung wahrnimmst. Wenn du dich gut verbunden fühlst, dann öffne wieder deine Augen und versuch die folgenden Fragen zu beantworten.

Was ist dein großer jetziger Lebenstraum?

Wie würdest du dein Leben gerne erfahren, wenn alles möglich ist, wenn es keine Grenzen - innen wie außen - gibt?

Was sagt deine Seele, wer du bist?

INTUITION

WAHRNEHMUNG DEINER EGO-IMPULSE

Jetzt verbinden wir uns mit unserem Ego. Das ist eigentlich ganz easy – fang einfach an, die folgenden drei Fragen zu beantworten, und zwar ohne Zensur.

Das Ego ist häufig nicht der erste Impuls, nicht die erste sanfte Regung, sondern der erste polternde, sich nach vorne schiebende Gedanken.

Also, das was jetzt am lautesten bei den folgenden Fragen durchdringt, das ist dein Ego.

Welche Erwartungen hast du von deinen Mitmenschen? Wenn du keine hast, wo haben sie dich enttäuscht?

Was redest du dir schön in deinem Leben? Was redest du dir schlecht?

Was sagt dein Ego, wer du bist?

WAHRNEHMUNG DEINER INTUITIONS-IMPULSE

Nimm dir einen kleinen Augenblick Zeit. Wenn du magst, schließe deine Augen. Atme eine Weile ruhig ein und aus, ganz in deiner Tiefe, in deinem Rhythmus.
Stell dir innerlich vor, wie du dich jetzt mit deiner INTUITION verbindest, und zwar am besten mit einer ganz konkreten Frage. Wie z.B. welche Schritte du jetzt gehen kannst, um deinen Lebenstraum zu verwirklichen? - und dann achte mal darauf, welche Impulse kommen.

Meine Frage an meine Intuition lautet:

Welche Impulse oder Eingebungen empfängst du nun von deiner Intuition:

Wie fühlt sich deine Intuition an?

DAS BIN ICH
MIT ALL
MEINEN
FACETTEN

CREATIVE ART PAGE

ICH LAUSCHE DER BOTSCHAFT MEINER ANGST, ABER SIE HAT KEINE MACHT ÜBER MEINE HANDLUNGEN

JENNIFER WEIDMANN

INTUITION

INTUITION VS ANGST

GEFANGEN IM GOLDENEN KÄFIG

Wenn wir anfangen, mit unserer Intuition zu arbeiten, kann sich ganz schnell ein zweites Gefühl dazugesellen, die Angst vor Veränderung. Das ist ganz natürlich. Die Kunst ist es, trotz dieser Angst weiterzugehen und den Impulsen der Intuition zu folgen.

Wichtig ist jedoch, dass wir die Gründe der Angst verstehen, um diese Hürde meistern zu können.

Wenn du magst, dann komm mit mir ein Stück des Weges und wir schauen uns ein paar Ängste vor der Veränderung an und woran sie uns erinnern möchten. Aber Achtung: Ich werde dir keinen Honig um den Bart schmieren - ich werde dir nicht sagen „du brauchst keine Angst zu haben, es wird schon alles gut" - nein, das werde ich nicht tun. Warum? Weil wir Angst haben dürfen. Weil Angst eine Einladung ist, ehrlich uns selbst gegenüber zu sein.

Weil Angst uns auffordert, die „Friede, Freude, Eierkuchen-Welt" zu verlassen und wahrhaftig zu werden. Wenn wir das schaffen, ist Angst der große Lehrmeister, der uns hilft, in einen echten, tiefen Wandlungsprozess zu gehen, um die Angst hinter uns lassen zu können für ein erfülltes Leben.

#1 Die Angst, es könnte schlechter werden

Es gibt viele Dinge, Situationen, aber auch Menschen, mit denen es uns nicht gut geht.

Der Job, vor dem wir täglich Bauchschmerzen haben. Die Beziehung, in der wir uns ungeliebt und einsam fühlen. Die Wohnung, in der es nur Terror mit den Nachbarn gibt. Das Geld, welches ständig nicht bis zum Monatsende reicht. Auch größere Ängste können dabei sein: Die Frage, können wir als Menschheit so weiter leben? Der Klimawandel, der Rechtsruck, fragwürdige Machtträger usw.

Von außen betrachtet scheint eine Veränderung doch so leicht zu sein. Du leidest im Job, also suche dir einen neuen. Du leidest in einer Beziehung, dann ändere sie oder beende sie. Du fühlst dich nicht zu Hause, dann suche eine neue Heimat usw.

Eigentlich ganz einfach, oder? Oder nicht?

Meistens ist es eben nicht einfach. Denn schnell kommt die Angst hoch: Ja, was wenn ich meinen Job kündige und es danach noch schlechter wird. Ein noch mieseres Arbeitsklima mich erwartet. Was, wenn ich dann in eine Beziehung gehe, in der es mir noch schlechter geht oder ich gar nicht erst einen neuen Partner finde. Was, wenn ich in eine Wohnung mit Schimmel ziehe. Was wäre wenn?

Ich kenne dieses Gedanken-Hamsterrad nur zu gut. Und mal ehrlich: Das ist total bescheuert. Weil wir etwas ganz grundlegendes hier vergessen und daran dürfen wir uns erinnern:

DU BIST DER SCHÖPFER DEINER REALITÄT

Du darfst so lange schöpfen, immer wieder neu, bis es eben nicht mehr schlechter ist, sondern richtig gut. Und wenn du dafür 5-mal deinen Job wechselst. 4-mal umziehst und 6 neue Beziehungen eingehst, bis endlich alles passt. Du darfst das. Lass dich nicht von den gesellschaftlichen engen Programmierungen ängstigen und einengen. Wir dürfen uns ausprobieren.

Wir dürfen Erfahrungen machen. Wir dürfen weitergehen, wenn es uns nicht gut geht. Du darfst es dir selbst erlauben und du darfst es dir unbedingt selbst wert sein, ein großartiger Schöpfer einer erfüllten Lebenszeit zu sein.

Vergiss das nicht. Übrigens: Dies ist das erste kosmische Gesetz: das Gesetz des Geistes – du erschaffst deine Realität – und die Einladung ist: Kreiere so lange bis es eben nicht schlecht oder schlechter, sondern richtig, richtig gut ist.

#2 DIE ANGST VOR DEM UNBEKANNTEN, DEM NEUEN

Wir Menschen sind so oft Gewohnheitstiere. Hier kommen wir ganz schnell bei der mittlerweile berühmten „Wolke 4" – im Reich der Mittelmäßigkeit- an. Die Partnerschaft, der Sex, der Job, die Lebenssituation, das Geld – alles irgendwie mittelmäßig – zum Leben zu wenig, zum Sterben zu viel.Auf dieser Wolke 4 richten wir uns ein. Reden uns den Platz schön, weil die Angst vor dem Unbekannten, dem Neuen, uns im Nacken sitzt.

Im Prozess der Veränderung geht es nicht immer unbedingt darum, dass wir sofort alles über Bord schmeißen müssen. Wir müssen nicht sofort kündigen, die Partnerschaft beenden, umziehen usw. Manchmal besteht die Einladung, am Bestehenden zu arbeiten, bis wir uns von Wolke 4 verabschieden können auf dem Weg zu Wolke 7.Manchmal dürfen wir uns verabschieden, weil in einem bestehenden System Wolke 7 einfach nicht möglich ist, weil der Partner nicht in die Veränderung gehen möchte, weil die Kollegen stur bleiben usw.

Für die Angst vor dem Unbekannnten und Neuen, lautet die Erinnerung:

DU DARFST SO LANGE VERÄNDERN, BIS ES PASST

Das Leben ist Wandel und wir gehen in Situationen und Beziehungen, lernen kennen und fangen dann an zu wandeln. Selten, dass irgendwas von Anfang an perfekt funktioniert. Also, wenn uns etwas nicht gefällt, dann besteht die Einladung, den Mut zu entwickeln, mal etwas anders zu machen, etwas Neues auszuprobieren, sich dem Unbekannten zu stellen und zu schauen, ob es vielleicht toll oder total daneben ist. Wir dürfen uns ausprobieren, wir dürfen immer wieder in den Wandel gehen, bis wir uns wohl fühlen, bis es uns gut geht. Wir müssen nicht auf Sparflamme unsere Lebenszeit hier auf Erden fristen.

Ein sicherer Leitstern, der uns dabei unterstützt, hier weise und kluge Entscheidungen zu fällen, ist unsere Intuition. Sie hilft uns, in jeder Situation zu erkennen, ob wir den Weg weitergehen sollen oder einen neuen Weg wählen.

Übrigens gehört dieser Aspekt zum Kosmischen Gesetz des Wandels. Nichts bleibt, wie es ist – die Seele strebt nach Erfahrungen, nach Mo-menten der Selbst-Erkenntnis, nach Erleuchtung.. Es darf dabei immer besser werden. Es muss nicht schlechter werden.

Das, was wir nicht kennen, könnte das Großartigste sein, was wir erleben könnten. Und wenn es das nicht ist, dann dürfen wir loslassen und weiterschöpfen und wandeln für die nächste Erfahrung. Nimm dein Leben und das, was darin passiert, aktiv in die Hand und erlaube dir zu wandeln, bis es dir gut geht und du dich am richtigen Platz fühlst.

#3 DIE ANGST VOR VERLUST

Häufig sträuben wir uns vor Veränderungen, weil wir befürchten, dass dann auch „das Gute" gleich mit aus unserem Leben verschwindet. Das ist manchmal gar nicht so unrealistisch. Selten, dass in einer Beziehung alles schlecht ist. In einem Job alles mies. Oder auch: die Wohnung ist richtig schön, aber die Nachbarn sind eine Katastrophe. Ja, die Angst vor Verlust ist nicht unbegründet. Manchmal dürfen wir ein Gesamtpaket von „Schlechtem und Gutem" loslassen, damit etwas Besseres in unser Leben Einzug halten kann.

Doch ganz oft glauben wir nicht daran, dass es noch besser werden könnte. Also schlucken wir all die „schlechten" Umstände, um das bisschen „Gute" nicht auch noch zu verlieren. Wir klammern uns fest, reden das Schlechte gerne schön, um es besser ertragen zu können. Das ist völlig legitim. Wir sind frei. Wir dürfen so handeln.

Aber wieder besteht hier die Einladung, sich nicht einfach abzufinden, weil man Angst hat. Das eigene Leben klein zu halten und die kostbare Lebenszeit verstreichen zu lassen, um die kleine Brotkrume „Gutes" ja zu behalten.

Für die Angst vor dem Verlust, lautet die Erinnerung:

DAS, WAS WIRKLICH ZU DIR GEHÖRT, DAS WIRD AUCH BLEIBEN

Nur vielleicht in einer neuen Form. Ja, manchmal dürfen wir ein Gesamtpaket loslassen, in dem sich Gutes und Schlechtes befindet, um Platz zu schaffen für ein neues Paket, was einfach noch viel mehr Gutes enthält. Wenn 90% echt Mist sind und gerade mal ein paar Prozente sich gut anfühlen, ist es schade um deine Lebenszeit, um diese Inkarnation, ja auch um die Vergeudung von Chancen und Gelegenheiten. Wenn wir immer traurig sind, immer gefrustet vom Leben, immer müde, immer erschöpft, immer unter Anspannung, dann stimmt etwas mit unserem derzeitigen Gesamtpaket nicht. Und wieder: Die Angst ist eine Einladung hinzuschauen. Eine Einladung, wirklich ehrlich zu dir selbst zu sein. Stell dir die Frage und finde Antworten: Was brauchst du, damit du dich gut fühlst? Was brauchst du, damit du dich erfüllt fühlen kannst? Was darf sich verändern? Wo darfst du dich verändern? Wo darfst du dein Leben, deine Gedanken, dein Verhalten, deine Einstellung, deine Programmierungen ändern, um dich glücklich und erfüllt zu fühlen? Dabei nicht vergessen, unsere eigene Schwingung zieht das an, was zu dieser Schwingung passt. Ziehen wir „merkwürdige" Dinge an, mit denen wir uns nicht wohlfühlen, dann dürfen wir gerne an unserer Schwingung arbeiten, damit sie sich so verändert, das Dinge, Menschen und Situationen in unser Leben kommen, mit denen wir uns wohlfühlen. Die Veränderung beginnt immer, wirklich immer, bei uns selbst.

Warte nicht darauf, dass die anderen sich verändern: der Chef, die Kollegen, der Partner, die Eltern, die Kinder usw. Da könntest du unter Umständen ewig warten. Ergreife stattdessen deine Schöpfermacht, finde heraus, mit was du in Resonanz gehen möchtest und erinnere dich daran: Das, was zu dir gehört, das kommt auch zu dir. Und du darfst wählen, was du möchtest, was in dein Leben gehören soll.

Aber nicht vergessen: Seelenarbeit, Erleuchtung, Erwachen, der Schöpfer der eigenen Realität zu sein, ist kein Sprint, ist kein 7-Sekunden-Aufmerksamkeits-Flash. Seelenarbeit ist ein Marathon, kein „ich wutsche und wedel mal kurz" und schon bist du erleuchtet, geheilt und alles ist perfekt. Seelenarbeit ist ein „Lebensprojekt". Veränderungen brauchen ihre Zeit – ein Schöpfer ist man in jeder Lebenssekunde. Immer wieder bekommen wir dabei die Einladung innezuhalten, zu reflektieren, sich zu hinterfragen. Das eigene Leben zu betrachten, um dann ein bisschen weiser, ein bisschen lichtvoller zu schöpfen.

Das, was zu dir gehört, wird bleiben oder in vielleicht geänderter Form wieder zu dir finden. Es ist wichtig, hier flexibel zu sein.

4 DIE ANGST VOR VERANTWORTUNG UND ENTSCHEIDUNG

Hier begegnen uns zwei Ängste auf einen Schlag.

Gerne lassen wir jemand anderen über unser Leben entscheiden. Wir geben die Verantwortung weiter, dann müssen wir auch nicht die „Schuld" übernehmen, wenn die Ergebnisse Mist sind. Umgekehrt entscheiden wir hingegen gerne über das Leben der anderen. Schließlich müssen wir hier auch nicht die Konsequenzen tragen, wenn es schief läuft. So schieben wir den vermeintlichen Schwarzen Peter „Verantwortung" hin und her und am Ende will es keiner gewesen sein.

Unser Leben ist Mist und alle anderen sind Schuld. Die Eltern, die unsere Kindheit versaut haben, der Partner, der uns nicht so liebt, wie wir es brauchen. Die Kinder, die einfach nicht tun, was man sagt. Die Arbeit, die nervt und keinen Spaß bringt, die Regierung, die uns immer nur das Geld wegnimmt. Ach ja, würden sich doch bloß alle anderen ändern, dann ginge es uns gut. Wir machen uns mit diesem Verhalten zu einem Opfer der eigenen Umstände. Wir treffen zwar keine Entscheidungen, aber die Konsequenzen müssen/dürfen wir trotzdem tragen. Hier treffen wir auf zwei ganz wichtige Kosmische Gesetze im Schöpfungsprozess: dem Gesetz von Ursache und Wirkung: "Das,

was ich rausgebe, wird das sein, was ich bekommen". Sowie dem Gesetz der Analogie: "Wie innen so außen".

Manchmal ist es ein weiter Weg, um wirklich zu verstehen, wie wichtig es ist, dass wir über unser Leben entscheiden und für unser Sein auch die Verantwortung übernehmen.

Häufig fühlen wir uns eher als Opfer der Umstände. Wir können ja auch nichts dafür, dass der Partner Narzisst ist, die Arbeit nervt, die Eltern unfähig sind usw. Nein, dafür können wir tatsächlich nichts. Aber wir können etwas dafür, wenn wir mit einem Narzissten in eine Beziehung gehen, wenn wir täglich unsere Energie verwenden für einen Job, den wir hassen, wenn wir weiterhin den Programmierungen unserer Eltern und/oder Kindheit folgen. Wir sind hier keine Opfer. Wir übernehmen „nur" einfach keine Verantwortung für das, was in unserem Leben passiert und versuchen kontinuierlich, den Entscheidungen aus dem Weg zu gehen.

DAS, WAS DU BIST, IST DAS, WAS DU BEKOMMST & DEIN INNERES SPIEGELT DIR DEIN AUSSEN

Ich weiß, das hören wir nicht so gerne. Absolut nicht gerne. Vielleicht ist das der Moment, wo du aufhörst zu lesen und dir denkst: "Die Jennifer ist echt blöd!" Fühl dich frei, geh und bleib im Sumpf noch eine Weile länger. Denn genau das ist es, was wir tun, wieder und immer wieder.

ich nehme mich da nicht aus. Ich habe das auch über Jahre praktiziert. Jetzt nicht mehr. Weil ich keine Lust mehr hatte, Opfer zu sein. Keine Lust mehr hatte, darauf zu warten, dass der andere sich ändert. Keine Lust mehr hatte, das Chaos auszubaden, weil andere über mich und mein Leben entschieden haben. Keine Lust mehr hatte, meine kostbare Lebenszeit zu vergeuden in der Hoffnung, dass sich im Außen mal was ändern wird und dann geht es mir besser. Nein, dazu hatte ich einfach keine Lust mehr.

An diesen Punkt dürfen wir häufig erstmal kommen, um wirklich den Mut zu fassen, in die Veränderung zu gehen. Hier beginnt die Wandlung. Und wenn du jetzt noch hier bist und liest: Gratulation! Du bist bereit, die Verantwortung für dein Leben zu übernehmen. Bist du auch bereit, klare Entscheidungen zu fällen?

Ganz oft haben wir tierische Angst, uns zu entscheiden. Wir könnten ja falsch entscheiden, und was dann? Und oh Gott, wenn ich mich entscheide, dann könnte eine Veränderung stattfinden. Weil eigentlich finde ich mein Leben bescheiden, aber bloß keine Veränderung. Mal ehrlich: Wie soll das funktionieren? Tu es nicht. Fertig. Wenn wir nicht entscheiden, dann entscheidet jemand anderes für uns.

So katapultieren wir uns selbst zum Spielball und ärgern uns, weil das Leben dann ungerecht erscheint. Weil es allen anderen vermeintlich besser geht. Weil ihr Leben vermeintlich so viel leichter ist als unseres und sie alles in den Schoß geschmissen bekommen, wofür man selbst immer kämpfen muss. Und hier liegt vielleicht die wichtigste Entscheidung: Aus dem "Jammermodus" auszusteigen. Der führt uns nämlich nicht wirklich irgendwohin, wo es schön ist. Tut er nicht.

Jammern tun wir alle gerne mal- ich auch. Aber die Kunst ist, nach den 5 Minuten Jammern in die Hände zu klatschen und die Verantwortung für das eigene Leben und dem, was darin passiert, aktiv zu übernehmen.

Wenn wir anfangen zu entscheiden, dann können wir so wählen, dass es mehr und mehr leichter wird, die Konsequenzen unseres Handelns zu tragen. Und noch etwas viel Besseres passiert über die Zeit: Du stellst fest, wie geil es ist, die Entscheidungen über das eigene Leben zu fällen und wie easy die Verantwortung dafür zu tragen, je mehr Klarheit ich über mich selbst und dem, was ich erfahren möchte, in mir entwickeln kann. Die Angst vor Verantwortung und Entscheidungen darf dann gehen.

So, und wenn du bis hierin gelesen hast: Tschaka – gut gemacht. Für wahre Spiritualität gibt es keine Abkürzung und kein Schnell-Schnell. Es ist ein unglaublich spannender, erfüllender, manchmal chaotischer, schmerzhafter, an die Grenzen gehender Weg nach innen. Für mich das Beste, was man überhaupt leben und machen kann. Je mehr du dir deinen Ängsten bewusst bist, desto leichter fällt es dir, mehr und mehr der zarten Stimme deiner Intuition zu lauschen und ihr dann auch vertrauensvoll zu folgen.

ÜBUNGEN ZUR ANGST

Kenne deine Ängste

Unser Ziel ist es ja, immer besser und klarer die Stimme unserer Seelen-Impulse mit Hilfe des wunderbaren Instruments Intuition wahrzunehmen. Das Gefühl der Angst kann sich jedoch davorschieben und es könnte passieren, dass wir unsere Angst fälschlicherweise als Intuitionsimpuls interpretieren.

Darum werden wir in der nachfolgenden Übung mit unseren Ängsten arbeiten bzw. daran arbeiten, unseren Ängsten auf die Schliche zu kommen. Kenne ich die Bereiche in denen ich Angst habe, dann ist es leichter Intuition gegenüber Angsthandlungen auseinanderzuhalten.

Ich weiß, Angst haben bzw. Angst zuzugeben, ist in einer Gesellschaft, in der man schon als kleines Kind beigebracht bekommt, dass "Indianer nicht weinen!" und "Prinzessinnen die Krone zurechtrücken und aufstehen", nicht immer leicht. Aber du arbeitest hier für dich. Du musst deine Ängste nicht der Welt preisgeben. Jedoch ist die Einladung hier, wirklich ehrlich dir selbst gegenüber zu sein. Nur so können wir uns wirklich wandeln und über unsere Ängste hinauswachsen und diese meistern.

Ich lade dich nun ein, dich ehrlich in deinem eigenen Leben zu beobachten, um herauszufinden, wann sich bei dir ein Gefühl der Angst einstellt. Vielleicht, wenn das Geld knapp wird? Wenn dein Partner von jemand anderem positiv erzählt? Wenn du Streit hast? Wenn du kritisiert wirst? Wir begeben uns jetzt auf die Reise, unseren Ängsten auf die Schliche zu kommen.

MEINE TOP 10
Ängste

1

2

3

4

5

6

7

8

9

10

INTUITION

DER ANGST AUF DER SPUR

Vielleicht hast du keine 10 Ängste gefunden, vielleicht nur eine, vielleicht ein paar. Gleichgütlig wieviele du gefunden hast. Arbeite für jede einzelne Angst die nachfolgenden Fragen aus.

Wie fühlt sich diese Angst an bzw. wie äußert sie sich bei dir?

Gibt es Schlüsselerfahrungen, die diese Angst einst hervorgerufen hat und jetzt Auslöser ist?

Wie agierst du, wenn die Angst da ist?

Was zerstört dieses Gefühl der Angst?

DER ANGST AUF DER SPUR

Teil 2

Wobei hindert dich die Angst, frei zu wählen, frei zu handeln, frei zu erfahren?

Was könntest du tun, damit die Angst keine Macht mehr über deine Handlungsweisen hat?

Was brauchst du hierfür?

Wie möchtest du zukünftig reagieren, wenn das Gefühl der Angst kommt?

ÜBUNGEN ZUR ANGST UND INTUITION

Wichtig bei allen Übungen, die ich dir in diesem Soul-to-go vorstelle: Versuche so entspannt wie möglich, an die Sache ranzukommen. Hör auf, dich unter Druck zu setzen. Druck ist kontraproduktiv, wenn wir unsere Intuition wahrnehmen wollen.

Warum ich das schreibe? Weil die nächste Übung dich eventuell unter Druck setzen könnte.

Es geht darum herauszufinden, wie sich die Gefühle der Angst von den Gefühlen der Intuition unterscheiden.

Häufig gehen wir dann erstmal in die Abwehr: "Ich weiß doch nicht, wie sich meine Intuition anfühlt!", "Wie soll ich wissen, ob es die Intuition ist oder die Angst?"

Erinnere dich hierfür an die Impulse von Seele, Ego und Intuition, die ich dir im Kapitel "Denken" mitgegeben habe. Mit diesen im Gepäck gehst du nun wie ein Abenteurer auf die Reise zu dir selbst, um herauszufinden, woran du bei dir Angst-Impulse und Intuitions-Impulse erkennen und unterscheiden kannst.

Du brauchst nicht alles sofort zu wissen. Manches wird erst im Laufe der Zeit nach und nach klarer. Aber den Fokus darauf zu richten, kann schon so viel verändern. Kann dich schon feinfühliger für die Intuition werden lassen und nach und nach selbstbewusster für deine Art und Weise, die Intuition wahrzunehmen. Es gibt hier, wie immer, kein richtig oder falsch. Nur Wahrnehmen, Erkennen, Nachspüren, Erfahrungen machen. Und alles ganz easy und entspannt.

Intuition vs Angst Gefühle

Intuitions-Wahrnehmungen

1

2

3

4

5

Angst-Wahrnehmungen

1

2

3

4

5

MEINE
ÄNGSTE

MEINE
INTUITION

ICH ENTSCHEIDE, OB UND WIE ICH MEINER INTUITION FOLGEN WERDE

JENNIFER WEIDMANN

INTUITION

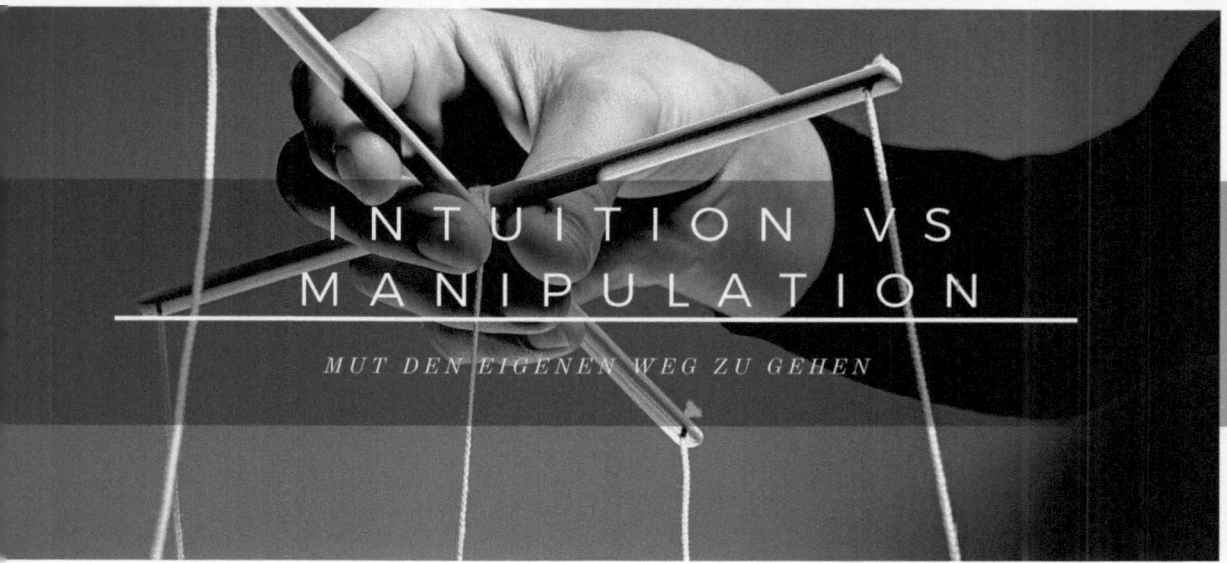

INTUITION VS MANIPULATION

MUT DEN EIGENEN WEG ZU GEHEN

Der Intuition zu folgen ist nicht immer leicht. Wie du jetzt bereits gesehen hast, gibt es viele Aspekte, die versuchen könnten, sich einzumischen, unser Ego, unsere Ängste. Jetzt kommen wir zu einem Aspekt, der oft massive Auswirkungen auf unser Handeln hat: unser Umfeld. Die Menschen, mit denen wir in irgendeiner Form von Beziehung stehen: die Familie, die Freunde, der Partner, Kollegen usw.

Der Intuition zu folgen hat von außen gesehen häufig einen Anschein von Irrationalität. Die Menschen in unserem Umfeld können dann oft nicht verstehen, warum man seinen gut bezahlten, sicheren Job kündigt, um als Backpacker durch Australien zu wandern. Warum man seine tolle Wohnung in der Großstadt aufgibt, um irgendwo im nirgendwo ein Häuschen mit Garten zu beziehen.

Das ist der Moment, wo das Spiel der Manipulation beginnt. Die Menschen versuchen, dich wieder in ihre Energie zurückzuziehen. Sie versuchen, dich vor deinem "Ausbruch" aus dem logischen Trott "zu retten" und spiegeln dabei doch meist nur ihre eigene Angst vor Veränderung. Erinnere dich an das vorherige Kapitel.

Im Prozess der Intuitionsentfaltung ist es wichtig, das Spiel der Manipulation zu verstehen, um erkennen zu können, wenn es anfängt, seine Fäden auszuwerfen.

Wichtig dabei ist, dass wir immer klarer erkennen, wann Manipulation stattfindet – also jemand versucht, uns zu manipulieren oder wo wir versuchen, jemand anderen zu manipulieren – und wo wir uns „einfach" nur berühren, austauschen, wahrnehmen und inspirieren.

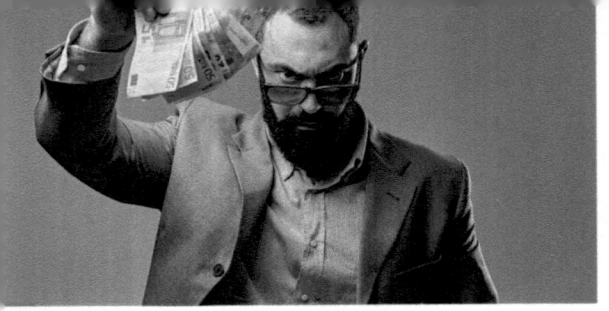

Letztendlich können wir Manipulation in zwei Sätzen zusammenfassen:

Der, der manipuliert: **„Ich verkaufe dir meinen Willen, als deinen Willen"** und das so geschickt, dass die meisten es überhaupt gar nicht merken, dass sie gerade manipuliert werden.

Warum merken sie es nicht? Hier kommt der zweite Satz:

Der, der manipuliert wird: **„Mein eigener Wille ist so schwach, dass ein Manipulator seinen Willen darüber setzen kann!"** – ja, hört sich hart an, oder? Ist auch hart, wenn man erkennt, dass man in die Manipulationsfalle hineingetappt ist.

Aber kein Zustand, den wir nicht verändern könnten. Wichtig ist, dass wir anfangen, uns selbst mehr wahrzunehmen, unsere Bedürfnisse zu erkennen und ja, dass wir uns selbst erlauben, einen Willen zu haben.

Nur weil man etwas „will", bedeutet es nicht, dass wir rücksichtslos sind, egoistisch sind oder sonst wie negativ.

Seinen Willen erkennen ist ein wichtiger Schritt, um in den eigenen Schöpfungsprozess gehen zu können. Was willst du schöpfen, wenn du keine Ahnung davon hast, was du eigentlich erfahren willst in deinem Leben?

Viele von uns werden schon in der Kindheit mitbekommen haben, dass es nicht erwünscht ist, dass man einen eigenen Willen hat. Man soll funktionieren: im Familiensystem, im Schulsystem, im Berufssystem usw.

Was passiert dabei: Entweder lernen wir, unseren Willen zu unterdrücken, weil wir ja ein liebes Kind sein möchten oder wir lernen so geschickt zu agieren, dass ich bekomme, was ich möchte, ohne dass der andere merkt, dass ich ihm gerade meinen Willen aufgedrückt habe.

Manipulation ist niemals einfach nur schwarz/weiß. Es ist äußerst facettenreich und wir können auch von einer Seite zur anderen wechseln, der Manipulator sein und der, der manipuliert wird.

Wie immer geht es nicht darum, mit dem Finger auf andere zu zeigen „du bist schlecht, du manipulierst", sondern sich selbst in diesem Spiel zu erkennen, damit wir frei entscheiden können, wie wir handeln wollen.

Steigen wir nun ein in das große Spiel Manipulation und mit welchen Mitteln gearbeitet wird, um den anderen dazu zu bewegen, das zu tun, was ich möchte.

DAS SPIEL MIT DER ANGST

Ein sehr guter Faktor, Menschen dazu zu bringen, einem fremden Willen zu folgen, ist das Erzeugen von Angst. Wenn wir im Gefühl der Angst sind, tun wir Dinge, die wir mit klarem Bewusstsein häufig eher nicht machen würden. Hier wird gerne mit den größten Ängsten gespielt: Tod, Geld, Macht. Versicherungen leben davon.

Das Spiel funktioniert, solange wir uns selbst nicht unseren Ängsten in Bezug auf Tod, Geld oder Macht (Freiheit) gestellt haben. Das sind dann unsere Manipulations-triggerpunkte.

Wenn wir aus dem Spiel der Manipulation aussteigen möchten, halte ich es persönlich für essentiell wichtig, dass ich mich mit all meinen Ängsten auseinandersetze. Sie durchleuchte, sie verstehe und sie auf meine Art und Weise in den Frieden bringe, so dass ich mehr und mehr angstfrei werde und immer stärker ins wahre Urvertrauen eintauchen kann.

Das ist auch insofern wichtig, als dass es schwer wird, der eigenen Intuition zu folgen, wenn die anderen Menschen es schaffen, mich mit ihren Ängsten zu verunsichern und somit ständig vom eigenen Erfüllungsweg abbringen können.

Wenn wir angstfrei sind, können wir mit klarem Bewusstsein wahrnehmen, können Situationen wacher einschätzen und fällen Entscheidungen aus unserem Schöpfungsprozess heraus und nicht, weil jemand anderes möchte, dass ich nach seinem Willen entscheide.

DAS SPIEL MIT DEN SCHULDGEFÜHLEN

Auch ein ganz hervorragendes Manipulationsinstrument ist das Erzeugen von Schuldgefühlen. Der Manipulator baut hier ein schlechtes Gewissen auf. Viele Kinder, auch erwachsene Kinder, kennen es sicherlich. Ich weiß gar nicht, wie oft ich beim Familienstellen gehört habe: „Nur deinetwegen bin ich bei deinem Vater geblieben!" - „Wärst du nicht gewesen, dann wäre mein Leben viel besser verlaufen!" - „Für dich habe ich auf so viel verzichtet, ist es da zu viel verlangt, wenn du….." usw.

An diesem Spiel der Schuldgefühle hängt manchmal unser ganzes Leben, unsere ganze Daseinsberechtigung. Wie könnten wir da ausbrechen und unserer Intuition folgen?

Hier möchte ich, dass du etwas für mich tust, um eine Schuld auszugleichen. Die Schuld, dass du geboren wurdest. Die Schuld, dass ich mich für dich entschieden habe. Die Schuld, dass es dir besser geht als mir. Die Schuld, dass ich so einsam, alt, schwach, krank, arm bin und du nicht. Die Liste können wir ewig so weiterführen. Wie kannst du da deiner Intuition folgen, weggehen, dich befreien, den anderen verlassen, zurücklassen?

Im Spiel der Schuld sehen wir den großen Mangel an Selbst-Liebe, Selbst-Wertschätzung und Selbst-Achtsamkeit. Und zwar auf beiden Seiten. Aber häufig wird das Spiel der Schuld auch in Beziehungs-konstellationen, jenseits der Ursprungsfamilie, gespielt: Menschen, mit denen du eine Beziehung eingegangen bist: „Du kannst mich jetzt nicht verlassen, wo ich so krank bin". Ein Klassiker. Oder auch gerne angewandt: „weil wir Kinder haben" oder „wegen des Geldes" usw.

Das Spiel der Schuld ist fast immer eine Suche nach Liebe. Wir möchten geliebt werden, wir möchten so angenommen werden, wie wir sind, ohne Erwartungen, ohne Ansprüche und Anforderungen. Bekomme ich das nicht freiwillig, versuche ich es zu erzwingen.

Aber eins wissen wir ja mittlerweile alle, auch wenn wir im Spiel der Schuld wünschten, es wäre anders: Liebe kann man nicht erzwingen. Das ist so. Die Annahme lautet, Eltern müssen ihre Kinder lieben und Kinder ihre Eltern. Ja, auf Seelenebene tun wir das auch alle. Aber im realen Leben tun wir es häufig auch nicht. Aber durch das Gefühl „man müsste doch, tut es aber nicht" – entsteht dieses schlechte Gewissen, welches uns manipulierbar macht.

Die Lösung kennt ihr sicherlich auch schon alle, und manchmal kann es verdammt schwer sein, hier den Knoten zu lösen: Es ist schlicht und einfach die Selbst-Liebe. Die Selbst-Liebe befreit mich davon, so händeringend die Liebe im Außen zu suchen, dass ich mich dafür auch vollständig verrenken würde. Damit ist dann Schluss. Die Selbst-Liebe versetzt mich in die Lage, dass ich frei gebe. Ich helfe dir dann, weil ich dir helfen möchte und nicht, weil du mir ein schlechtes Gewissen gemacht hast. Dann sind unsere Handlungen auch lichtvoll. Bekommen eine Leichtigkeit. Manipulierte Handlungen zeichnet eigentlich immer eine tiefe Schwere aus, ein innerer Widerstand und häufig auch echte Ablehnung und Abneigung, aus der wir uns über kurz oder lang versuchen werden zu befreien, weil es uns die Lebensfreude raubt, die Luft zum Atmen nimmt und uns einfach leer macht.

Wenn ich aus der Selbst-Liebe heraus handle, fühle ich mich nie ausgenutzt, beschmutzt, schwer oder leer. Außerdem kenne ich dann meine energetischen Grenzen und achte sie.

Bin ich frei von diesem inneren Drang, anderen zu gefallen in der Hoffnung, liebenswert zu sein und geliebt zu werden, dann mache ich den Weg frei, den zarten Impulsen meiner Intuition folgen zu können.

DAS SPIEL MIT DEM HELFERSYNDROM

Dann gibt es noch eine Konstellation beim Spiel der Manipulation: Der Manipulator und der Helfer.

„Ich bin so ein armes Hascherl- hilf mir" und der Helfer springt sofort auf den Zug auf, kann er doch sehen, wie schlecht es dem anderen geht und ja, „dass er wirklich ein armes Hascherl ist."

Doch beide zeichnet das Gleiche aus, sie möchten sich über den anderen erfüllen. Der Manipulator ist leer und möchte, dass der Helfer diese Leere durch sein Handeln füllt. Und der Helfer ist leer und hofft, über sein Handeln, über sein Gutes-Tun, dass der andere, dem er etwas Gutes getan hat, ihm etwas zurückgibt und er dadurch erfüllt wird.

Die Rechnung geht selten auf, weil beide leer sind. Letztendlich bleiben bei beiden enttäuschte Hoffnungen, nicht erfüllte Erwartungen und Leere zurück.

Beide sind wie ein Fass ohne Boden. Ja, dass mag wieder hart klingen, gerade, wenn man sich selbst wiedererkennt.

e Selbst-Erkenntnis birgt immer das
otenzial der möglichen Wandlung, der
öglichen Verbesserung der Situation
 sich. Wichtig ist, dass wir dann nicht
rsuchen, den anderen zu verändern.
ach dem Helfersyndrom-Motto: „Ah,
h habe erkannt, dass DU leer bist,
so helfe ich dir jetzt, dich zu
rändern!" oder nach dem
anipulator-Motto: „Ja, ich habe
kannt, dass ICH leer bin, also hilf DU
ir jetzt, das zu ändern!" Wir bleiben
ann im Helfersyndrom-Hamster-Rad
ecken.

ey, keiner hat gesagt, dass der Weg
r Schöpfung immer super easy ist.
, irgendwann ist er das. Wenn wir viel
kannt haben. Wenn wir viel Licht in
s selbst gebracht haben. Aber
anchmal ist es auch hart.

äre es doch so schön, der andere
nnte uns erfüllen Der andere würde
s all die schweren Lasten abnehmen.
r andere würde all die
angenehmen Aufgaben übernehmen
d mein Leben wäre einfach nur easy
d mit rosa Wolken bestückt.

o bleibt der Lottogewinn? Der
llionär? Der, der mich bedingungslos
bt und alles für mich tut? Wo
eiben die dankbaren Kinder? Die
te Mutter? Der gute Vater? Ja, wo
eiben sie…..

m aus dem Spiel des Helfersyndroms
szusteigen, ist eir guter Weg, der der
lbst-Erfüllung. Wir dürfen lernen, der
höpfer unserer Lebensrealität zu
erden. Damit ist nicht gemeint, dass
r nun niemandem mehr helfen. Aber
s der Selbst-Erfüllung heraus, hilfst
, weil du deine Fülle mit offenen
men in die Welt geben kannst und
cht, um deine eigene Leere
fzufüllen. Aus der Selbst-Erfüllung
raus gibt es keine Erwartungen. Der
dere muss dir nicht auf ewig
nkbar sein. Der andere steht jetzt
cht ewig in deiner Schuld.

Aus der Selbst-Erfüllung heraus ist
dein Helfen und dein Geben immer
frei und freilassend.
Aus der Selbst-Erfüllung heraus kann
ich frei entscheiden, ob ich helfen
möchte oder nicht. Wir durchschauen
dann das Spiel der Manipulation und
wir sind frei darauf, einzusteigen oder
eben nicht.
Wir können dann auch unsere
Intuition und die Absichten, die
dahinter stehen, bewusster wahrnehmen. Ich folge meiner Intuition
aus der Fülle heraus und nicht, um
einen Mangel zu bekämpfen. Ich folge
meiner Intuition und erwarte nicht,
dass andere meinen Intuitionsweg
erfüllen müssen. Wir ersparen uns so
sehr viele Enttäuschungen und
können endlich ungerechtfertigte
Erwartungen fallen lassen.

SUBTILITÄT

Das Verzwickte am Spiel der
Manipulation ist häufig ihre
Subtilität. Die Menschen, die
manipulieren, sind häufig so
unglaublich gut darin, die richtigen
Knöpfe zu drücken, damit wir in ihre
gewünschte Richtung hin
funktionieren. Sie wissen, was sie
sagen müssen, sie wissen, wie sie die
„richtigen" Gefühle erzeugen können,
sie wissen sogar auf energetischer
Ebene, was sie ausstrahlen müssen,
damit der andere darauf reinfällt.
Die Energie des Manipulators
verspricht mir offen oder unter-
schwellig „Gute Gefühle".

Wenn ich ihm folge, dann geht es mir besser. Dann habe ich was Gutes getan. Dann bekomme ich was Gutes. Aber die subtilen Versprechungen des Manipulators sind eigentlich immer leer. Leer für dich, weil ein Manipulator überhaupt kein Interesse an dir hat. Er ist gefangen in seiner Welt und in seiner Suche nach „Guten Gefühlen"- du bist nur der mögliche Bringer von ihnen.

Und noch mal: Die große Kunst der Manipulation ist es, dass ich es schaffe, dir **meinen Willen**, als deinen eigenen Willen zu verkaufen- häufig gegen die eigene Intuition, die dann ganz leise wird und sich zuürckzieht. Das ist es auch, was Manipulatoren dann häufig ins Feld führen, wenn wir anfangen, Widerstand zu leisten. „Wieso, du wollest mir doch helfen?" – „Wieso, du wolltest doch dies und das!". Manipulatoren schaffen es unglaublich gut, den Spieß umzudrehen, dass du doch derjenige welcher bist, der gehandelt hat, der gemacht hat, der dieses oder jenes wollte.

Mit dem wundervollen (#Ironie) Abschlussworten: „Du hättest es ja nicht tun müssen!" – mir helfen müssen, mir folgen müssen, mir glauben müssen usw.

Hier hilft nur eins: Selbst-Befreiung. Wir ändern den anderen nicht. Aber wir können uns ändern. Der Manipulator wird dich selten um Verzeihung bitten oder dir sagen, dass es ihm Leid tut.

Er spielt sein Spiel und es liegt an dir, ob du weiter mitspielen möchtest, ob du in den Dauer-Kampf gegen dich selbst und deine Intuition gehen möchtest oder ob du einfach aus eurem gemeinsamen Spiel aussteigst, weil du nun bereit bist, ein anderes Spiel zu spielen, frei von Abhängigkeiten und Manipulationen. Das ist möglich. Wir entscheiden und wir sind frei, dass wir das entscheiden dürfen.

Hier hilft es, wenn wir uns näher mit dem Thema „Selbst-Befreiung" auseinandersetzen. Dass wir für uns ausloten, was Freiheit bedeutet, wie wir Freiheit erfahren und leben möchten und nicht zu vergessen, dass wir erkennen, dass wir „alleine" überleben können, dass wir in der Lage sind, Hürden zu meistern, dass wir stark sind, dass wir mutig sind, dass wir weich und sanft sein dürfen, dass wir liebenswert sind und dass wir alles sind, was wir sein möchten. Und dass wir unserer Intuition vertrauen können und ihr folgen dürfen. Die Ängste, Sorgen, Zweifel, Schuldspiele und Manipulations-versuche darf ich bei denen lassen, die sie aussenden.

Intuition lehrt uns, uns selbst treu zu bleiben. Solange ich mich von außen manipulieren lasse, verrate ich immer wieder mich selbst und meinen Erfüllungsweg. Wir gehen dann den Weg eines anderen, aber nicht unseren. Auf Dauer werden wir uns schlecht damit fühlen, verloren, ungeliebt, hoffnungslos.

Aber wir können uns jederzeit wandeln, verändern, zu uns selbst finden und dann leitet uns unsere Intuition, sanft und liebevoll, auf unserem Lebensweg.

WAHRNEHMUNG DER SCHULDGEFÜHLE

Wann empfindest du Schuldgefühle?

Wem oder was gegenüber fühlst du dich verpflichtet?

Bei wem fällt es dir schwer, "Nein" zu sagen? Warum?

Bei wem und wann handelst du gegen dein inneres Gefühl? Warum?

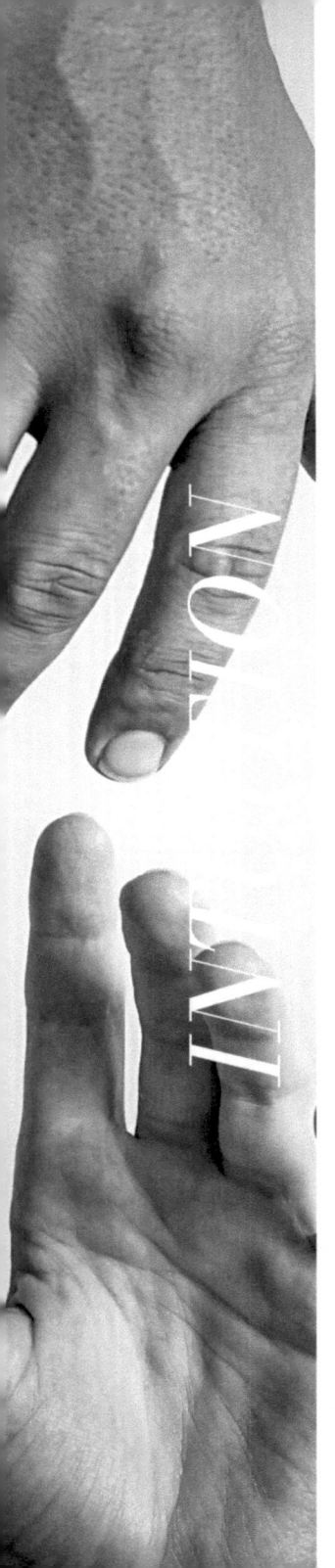

WAHRNEHMUNG DES HELFERSYNDROMS

Wem gegenüber hast du das Gefühl, helfen zu müssen?

Wann fühlst du dich ausgenutzt? Von wem?

Wie fühlt sich das "ausgenutzt werden" bei dir an?

Wer oder was verunsichert dich in deinem Leben? Untergräbt deine Intuition?

#1 TIPP ZUR SELBST-BEFREIUNG

Um unsere Intuition besser wahrnehmen zu können, aber vor allem um ihr folgen zu können, ist es wichtig, dass ich mich frei fühle in meinem Sein, in meinen Handlungen und Impulsen.

Wir dürfen lernen, uns frei zu fühlen, unabhängig zu fühlen, ja verantwortlich für uns und unser Leben zu fühlen. Auf dem Befreiungsweg ist es essentiell wichtig, dass wir anfangen, zu uns zu stehen, zu unseren wahren Bedürfnissen, zu dem, was wir brauchen, um uns erfüllt zu fühlen, gut zu fühlen, um gute Energien in unser Leben zu ziehen.

Der erste Schritt, den wir nun gehen, ist der der Wahrhaftigkeit. Damit fängt alles an:

Du darfst immer, in jedem Augenblick, zu dir selbst wahrhaftig sein. Du darfst zu dieser Wahrhaftigkeit stehen, ohne dich entschuldigen zu müssen und ohne, dass du Ausreden erfinden musst.

Was meine ich damit?

Als wir Kinder waren, hatten wir eigentlich alle diese Wahrhaftigkeit noch in uns. Und weißt du, wie sie sich gezeigt hat? In einem einzigen Wort: DARUM!

„Warum isst du deine Bohnen nicht?" – „Darum!"

„Warum willst du denn nicht mit den Nachbarskindern spielen?" – „Darum!"

„Warum willst du nicht zur Schule gehen?" – „Darum!"

Und: wie gut seid ihr mit dem „Darum!" durchgekommen? Von den wenigsten Erwachsenen wird ein „Darum" akzeptiert, oder? Es kommt dann ein „Das ist keine Begründung!", „Das ist keine Aussage oder Satz!", auch gerne „Das reicht mir nicht als Erklärung!"

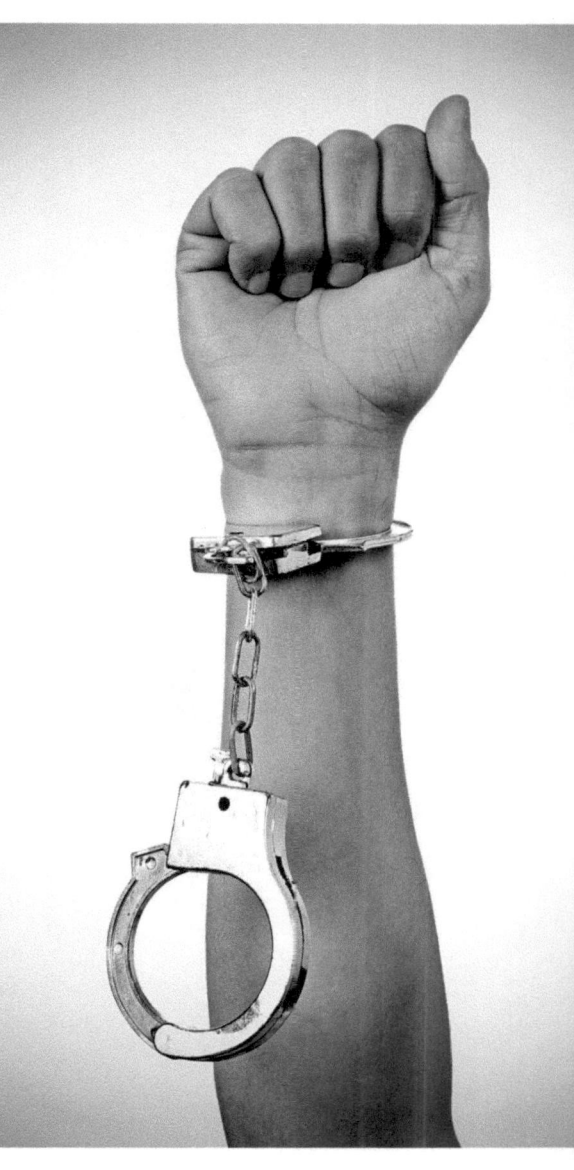

Aber genau dieses Gefühl "Darum", entspricht häufig der Intuition. Wir können es nicht logisch erklären und wollen wir eigentlich auch nicht. Es ist "so ein Gefühl", dass das jetzt der Weg ist, den man gehen möchte.

Aber was lernen wir als Kind? Dass unser Gefühl, warum wir etwas machen wollen oder nicht machen wollen, nicht reicht. Wir müssen es begründen, wir müssen es erklären, auch wenn wir dafür gerade keine Erklärung haben, sondern „nur" ein Gefühl. Also fangen wir an – den Erwachsenen zuliebe – häufig aus Zwang- Entschuldigungen, Erklärungen oder Ausreden zu finden.

Häufig noch ehrlich, versuchen wir zu erklären, warum wir etwas nicht wollen: „Die Bohnen schmecken nicht!" – „Die Nachbarskinder sind komisch!" – „Die Schule ist langweilig" – also machen wir, was von uns verlangt wird und was passiert dann?

Dann kommen die Eltern und sagen gerne so Sätze wie: „Stell dich nicht so an!" – „Sei froh, dass du dass überhaupt hast: dass du zur Schule gehen darfst, dass du was zu essen hast, dass du jemanden zum Spielen hast usw." – wieder werden unsere Gefühle und unsere Erklärung dazu „runtergemacht".

Um in diesem Spiel zu überleben, fangen wir dann an, uns eine neue Strategie auszudenken: Entschuldigen und Ausreden.

Wir möchten die Bohnen nicht essen, weil wir danach immer ganz dolle Bauchkrämpfe bekommen. Was zunächst eine Ausrede ist, wenn wir das aber oft genug gesagt haben, irgendwann sich zu unserer Wahrheit wandeln kann. In die Schule können wir heute nicht gehen, weil wir ganz dolle Kopfschmerzen haben und mit den Nachbarskindern können wir heute nicht spielen, weil wir noch ganz viele Hausaufgaben machen müssen usw. Wir fangen an, uns durch das Leben zu lavieren und behalten diese Überlebensstrategie bei, auch als Erwachsener.

Achtung: Ich persönlich halte es als Erwachsene auf dem Erleuchtungsweg als essentiell wichtig, immer wieder bei mir selbst zu schauen, warum ich etwas vielleicht nicht machen möchte, weil hier ganz viel Erkenntnispotenzial liegt. Warum will ich nicht zur Party meiner besten Freundin? Warum will ich am Montag nicht zur Arbeit gehen? Warum will ich mit meinem Partner keinen Sex haben? usw. Es ist wichtig, hier hinzuschauen.

ABER: Wenn wir gerade das Gefühl haben, es nicht zu wollen – dann dürfen wir zu diesem Gefühl stehen. Einfach so. Ohne dafür eine Entschuldigung oder eine Ausrede zu finden. Wir müssen der Freundin nicht vorgaukeln, wir hätten zu viel zu tun, dem Freund wir hätten Kopfschmerzen usw.

Wir dürfen sagen: Es fühlt sich für mich gerade nicht stimmig an – ja, wir dürfen auch Notlügen benutzen, weil ein Arbeitgeber selten diese Aussage akzeptieren würde -da sind wir wieder im Kind/Erwachsenen Verhältnis – aber wichtig ist: dass wir erkennen, dass wir gerade eine Notlüge benutzen und uns dann die Zeit nehmen, wahrhaftig zu uns selbst zu sein: Warum benutze ich eine Notlüge. Warum ist das „Ereignis" so schrecklich, wie z.B montags zur Arbeit gehen, dass ich eine Notlüge benutzen muss, um dem entfliehen zu können. Die Wahrhaftigkeit lädt uns ein, uns selbst und unsere Gefühl wahrzunehmen, dazu zu stehen, und wenn sie uns nicht gut tut, so lange neue Entscheidungen zu fällen, so lange neue Wege zu gehen, bis es uns gut geht. Und ja, das dürfen wir.

Wir denken immer zu schnell, wir dürfen uns nur einmal neu entscheiden und dann muss es aber auch gleich das Richtige sein.

Wieder nehme ich hier gerne das Beispiel eines Lebensbuffets: Stell dir vor, du gehst zu einem All-you-can-eat-Buffet und du dürftest nur einmal wählen- wie bescheuert wäre das. Natürlich wirst du häufiger deinen Teller füllen und vor allem von dem nehmen, was dir richtig gut schmeckt und nicht immer wieder etwas auffüllen, wovon dir schlecht wird. Das wäre doch verrückt, oder?

Warum machen wir das dann immer wieder, wenn es um viel wichtigere Entscheidungen in unserem Leben geht? Warum denken wir, dass wir immer sofort wissen müssten, womit wir unser Geld verdienen möchten? Wissen müssten, wo wir leben möchten? Wissen müssten, welche Hobbies wir machen möchten?

Wir dürfen uns ausprobieren. Das Lebensbuffet ist voll mit Wahlmöglichkeiten – wir brauchen nicht dreißig Jahre lang das Gleiche machen, wenn es uns nicht gut tut, nur weil dahinter eine verquerte gesellschaftliche Gedankenkonstruktion verborgen liegt, dass man nur einmal wählen darf und dann muss es für immer halten: die Ehe, die Ausbildung, die zum Beruf führt, die Freundschaften, die Wohnung usw.

Leben ist Veränderung, so wie unser Geschmack sich verändert, so verändern sich auch unsere Bedürfnisse und zu diesen dürfen wir wahrhaftig immer mehr stehen ohne Ausrede, ohne uns dafür entschuldigen zu müssen.

Ein „Darum!" ist eine vollständige Antwort. Und dann dürfen wir diesem „Darum" auf unsere Art und Weise begegnen, um herauszufinden, warum es so ist. Warum wir etwas nicht machen wollen, und was wir stattdessen lieber machen würden. Ja, und dann kann es durchaus sinnig sein, mit den Menschen in unserem Leben in eine ehrliche Kommunikation zu gehen, um Lösungen für unser „Unwohlsein" zu finden.

Damit meine ich, wenn ich mich nicht gerne mit meiner Freundin treffe, dann macht es doch Sinn, dem auf die Schliche zu kommen und es ehrlich zu kommunizieren, als immer neue Ausreden zu erfinden.

Wenn ich mit meinem Partner nicht gerne Sex habe, genauso. Wenn ich nicht gerne zu meinen Eltern gehe, auch. Das heißt nicht, dass die andere Seite immer versteht, worum es uns geht. Es heißt auch nicht, dass sie tun müssen, was wir gerne hätten, damit die Situation sich ändert. Aber es heißt, dass du anfängst, wahrhaftig zu dir selbst und deinen Bedürfnissen zu stehen – ein unglaublich wichtiger Schritt im Prozess der Selbstbefreiung und im Wahrnehmen und Folgen unserer Intuition.

Wir sind frei – und vergessen es immer wieder. Wir sind nicht gefangen: Du kannst dich neu bewerben, wenn dir dein Job nicht gefällt. Du darfst neue Beziehungen eingehen, wenn du in deinen jetzigen leidest. Du darfst den Kontakt zu Menschen abbrechen, wenn dir die Begegnungen nicht gut tun – Du darfst weitergehen, wenn es dir dort, wo du jetzt stehst, nicht gefällt. Du darfst es aber auch ansprechen: mit deinem Partner, deinen Eltern, deinen Freunden, deinen Kindern, um gemeinsam einen Weg der Wandlung zu gehen. Wir müssen nicht immer alles abbrechen.

Stell dir einmal diese Situation vor: deine Freundin möchte sich mit dir treffen – du fühlst, du willst nicht und sagst ab, weil du „angeblich" krank bist- du forschst nach und stellst für dich fest: Du möchtest dich nicht mit deiner Freundin treffen, weil sie immer so anstrengend ist, sich immer in den Mittelpunkt schiebt und du keinen Raum findest für dich und deine Themen.

Diese Situation wird sich nicht ändern, wenn wir hier nicht ehrlich ins Gespräch gehen, sondern immer mit Entschuldigungen absagen. Vielleicht wird die Freundschaft nicht bestehen bleiben, wenn wir es ansprechen, aber ohne Ansprechen hat sie schon keinen Bestand mehr. Und so kannst du es für alle Menschen und Situationen in deinem Leben anwenden.

Dafür brauchst du keine Entschuldigungen – keine Krankheiten, keine Lügen, keine Ausreden, kein Schönreden- du bist frei- du darfst so fühlen, wie du fühlst, und du darfst dich und deine Gefühle wahrnehmen, ernst nehmen und ihnen folgen.

Du darfst dich auch immer wieder selbst hinterfragen, um dich in diesen Prozessen zu erkennen und dich zu verstehen – aber du brauchst dich für niemanden zu verrenken. Du darfst dich verrenken, du darfst auch Ausreden benutzen, Entschuldigungen finden usw. ABER: Im Selbst-Befreiungsprozess ist es wichtig, dass du erkennst, was du da gerade tust. Sonst besteht die Gefahr, dass du gefangen bleibst in deinem selbst aufgebauten Hamsterrad.

Freiheit ist ein Seinszustand. Wir sind frei, ja und wir können uns auch frei fühlen. Aber wir sind es – immer- es liegt an uns, ob wir diese Freiheit anwenden und nutzen. Wenn wir uns nicht frei fühlen und es uns damit nicht gut geht, dann dürfen wir schauen, was wir ändern dürfen, um uns frei zu fühlen. Wo wir Entschuldigungen, Ausreden, Schönreden, Verstecken etc durchschauen dürfen, um uns wahrhaftig wahrzunehmen.

Wie immer, es ist ein Prozess. Ein Weg der Selbst-Entdeckung. Und weißt du was: Es darf Spaß bringen, sich hier selbst zu entdecken. Wie ein Abenteurer in die eigene Gefühlswelt einzutauchen, um sich dort zu finden und zu erkennen.

Seelenarbeit darf Freude machen – darf spannend sein – wir dürfen uns erlauben, immer wieder neu zu wählen, um uns zu entdecken, auszuprobieren, selbst kennen zu lernen.

Das ist damit gemeint, wenn wir davon sprechen, in unsere Größe zu gehen: Wir dürfen uns selbst finden, und das tun wir durch Erfahrungen, die Kraft unserer Entscheidungen, dem Fluss unserer Gefühle folgen und immer mehr zu wählen, gute Gefühle und gute Erfahrungen in unser Leben zu holen und aus den „schlechten" zu lernen und uns selbst zu erkennen. So gelangen wir immer mehr dazu, unserer Intuition sicher und vertrauensvoll zu folgen.

Seelenarbeit darf großartig sein – denn das ist, was wir sind: Seele – im Prozess sich selbst zu erkennen, sich selbst zu erfahren, zu schöpfen, zu erschaffen, um ein großartiges Leben zu führen.

Schön, dass du heute ein bisschen mit mir in dieses große Thema eingetaucht bist.

Wenn du Lust hast, mehr einzutauchen in die Seelen-Arbeit, freue ich mich, dich in unserer urvertrauen online Akademie begrüßen zu dürfen (www.urvertrauen-akademie.de) oder vielleicht magst du eins unserer wundervollen Seelen-Sprays ausprobieren, um mehr in deine ureigen, uralte Seelenweisheit einzutauchen (www.urvertrauen.de). Oder du hast vielleicht Lust, noch mehr spannende Soul-to-go Bücher zu lesen? (auf amazon im Suchfeld einfach Jennifer Weidmann eingeben)

Lass uns gemeinsam unser Leben bunt und wundervoll machen. Vergiss nicht: Du bist frei zu sein, wer du sein möchtest und immer wieder neu zu wählen, welchen deiner Ausdrücke du nun erfahren möchtest. Die Welt liegt dir zu Füßen. Mach was draus oder nicht – deine freie Entscheidung.

Alles Liebe, deine Jennifer

ICH
UND MEIN
LEBEN

CREATIVE ART PAGE

SEELEN SPRAYS

Düfte für deine Seelen-Entfaltung

Ätherische Duft-Kompositionen für

Deine Seele

www.urvertrauen.de
by Jennifer Weidmann

SCHAU VORBEI - FÜR EIN GROSSARTIGES LEBEN